ねねさんのスピ生活

縁結び編

水《みず》鳥《どり》ねね

イースト・プレス

もくじ

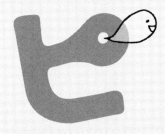

プロローグ

はじめまして
または
お久しぶりです
目力強め
のウチの
インコ
霊能者っぽいことを
やっているのに
なぜか漫画も
描いている
水鳥ねねと申します
これが4冊目の
刊行になります
嘘みたい
ですね～
えへへ
〆切はきついけど…
初めて
お声が
かかった時は
まさか4冊も
出すなんて
夢にも思いません
でした
新刊
4冊刊行していますが
それぞれが独立して
読めるような
作りになっていますので
もしよかったら
他の本も
読んでみて
くださいね！

霊視鑑定をしているものの
私自身未だに「霊能者」という単語にピンときません
霊的な相談員みたいな者です
私は元々看護師をしていました
しかしある時夢枕に不動明王さまが現れて
霊能者しなさい
と言ってこられました
当時は看護学生だったので
まぁ何かの間違いでしょ
うむ
なぜこんな夢を？
と思っていましたが…
最終的に断りきれずに今に至ります
なぜ?!

霊感がない人はいません
この旅行は何だかイヤな予感がする
人によって様々ですが嗅覚だったり妙に勘が良かったり…と得意分野は色々です
私自身の霊感は霊能者というより巫女的な力のほうが強いと思っています
鑑定していると意識的に視ることもありますが
話しているとその内容に関することにチャンネルが合い情報を降ろしながら鑑定することも多いです
本文にも描いていますがそれを霊感アンテナと呼んでいます
それは携帯のアンテナのように個人で立っている本数や周波数が違っていて
それが霊感の差として出ていると感じています
ボ〜
私の場合は前世で何度も神職をしていた関係で
霊感というより霊能力という力に近いと考えられます

私の夢枕に立った
守護神である
不動明王さまは
お坊さんの時のご縁です
密教系が多い
他にも稲荷系神社で
働いていた時の
巫女さんや
水神系、天照系神社で
働いていた
神職の時などがあり
働く過程で守護神が
増えていきました
神さまによって
得意分野があり
キリッ
見ておるぞ!
不動明王さまは邪気祓いや
道を外れようとする人を
導く力があります
相談内容や
お相手の守護神によって
出てくる神さまが違って
きたりします
マリア様が後ろにいる人は
やさしい人が多い
今回守護神である
お稲荷さんのことや
ずっと謎だった
水神さまの巫女さんに
ついてわかったことを
描いていっています

実は本が刊行されるたびに
看護学生
看護師…
絵描き？
霊能者？！
なぜか私の身辺が大きく変わっているのが不思議です
それはカルマや仕事など自分の課題に向き合ってきたおかげで
クリアするたびに自分のエネルギーが変わっていったからだと思っています
すっきり
魂
出版社にお伺いした時
今回生活環境が大きく変わり
色々恋愛系のカルマを解消する流れになった話をしたら
担当さんから
今回のテーマは縁結び
4冊目のテーマは“縁結び”
燃えません〜
という指令がやってきました

自分自身の恋愛のカルマを清算し尽くしたら
なぜか恋愛関係のご相談が増えました
プラスに転じるとプラスの引き寄せが働きます
私としては良い引き寄せだと思っています
霊能者というと世間では霊を退治するようなイメージかもしれませんがそれだけではありません
どちらかというとお悩みを聞きながら視えない世界の原因を探り話しながら祓うことが多いです
新キャラ(?!)もでます！
というわけで今回は自身の恋愛のカルマ解消やご相談者さんの恋愛系のお話を多めに入れつつ
鑑定であった色々や地元で鑑定することになった経緯なども描いています
先祖供養はもちろん恋愛や結婚で悩まれている方の一助になれれば幸いです！

登場人物紹介
神功《じんぐう》皇后(?)
住吉三神《すみよしさんじん》
水の巫女さん
ねねさん
謎の猫
大国主《おおくにぬし》さま
因幡《いなば》の白兎《しろうさぎ》さん
A一族の武将の前世
(霊能者の)不動さん

ねねさんと縁結びの不思議なお話

縁結びの神さま

大昔に初めて不動さんの霊視鑑定を受けた時こう言われました
ねねさんは出雲系の神さまと大変相性が良いですね
他の神さまが霞んで視えないくらい出雲の神さまが出てきますね
あー出雲はついこないだ行きました
出雲だけじゃなくあなたはどこの神さまに会いに行っても好かれます
色んな神社で神職をしているからその時関わった神さまがねねさんが元気か心配されて呼んでくれてます
それで色んな神社仏閣にアンテナが立つのかなぁ？
節操なさすぎなくらい…
出雲でも巫女さんをされているので特に相性が良いんです
大国主《おおくにぬし》さんと因幡《いなば》の白兎《しろうさぎ》さんも視えます
あっほんとだ！
→視えた

そう言われて思い出した…
そんなことを不動さんに言われたちょっと前地元の霊能者さんに眷属さんのことを言われました
ねねさんは動物系の眷属さんにすっごい好かれやすいですね
場合によっては頼られやすいから気をつけて
そのせいかもしれないけどお稲荷さんに拝みに来てーって言われたら
呼んだ？
そ、そう…
可愛いので断れません
実はこれらのお話は十年前に言われたことです
なつかしいね～
なぜ今描いているかというと…
今回の本のテーマが
うさぎさんカモーン♡
縁結び！だからです

出雲の神さま…それすなわち縁結びの神々…ということでもあります
私は前世でもご縁がありましたが実は私のいる山口県には古代の出雲国の人が住んでいました
島根
山口
母方の土地は出雲族が住んでいた地域になり
山口県内には一定数の出雲族の末裔の方がいるのではないかと思います
←川の流域にそって出雲系神社が建っている
以前鳥取の白兎神社さんには引っ張られて参拝に行きました
大国主さまと因幡の白兎の神話の舞台の場所だと言われており
近くには白兎神が流れ着いたと言われる場所もあります
狛うさぎ
しかしこの神社さんを調べていて驚きました
神話に出てくる話はウサギ族とワニ族という豪族同士の戦争をモチーフに作られたという話を読みました
※諸説あります
私の先祖は出雲族だけじゃなくてウサギ族の血が入っているのかしら?
それなら祖神の一柱だから白兎神が出てくるのも納得かな
調べていくとウサギ族は宇佐神宮と関わりが深い…ということもわかりました

そういえば父方の氏神さまは宇佐神宮系の神社さんだなぁ…
むむ…
親戚に医療者が異常に多いのって出雲族やウサギ族が関係してたりするのかなぁ…
ちょっと多すぎるもんねぇ…
※白兎神や大国主は医療の神さまでもある
そんなこんなでご縁結びの神さまとご縁があるのかしら？と思った頃
私がきっかけで結婚するに至ったカップルのことを思い出しました
夜勤の休憩中
もぐもぐ
ナースは早食い
以前働いていた病院で就職して半年くらい経った頃にこんなことを言われました
ねねさんってこの先辞める予定とかないんですか？
はぁ？

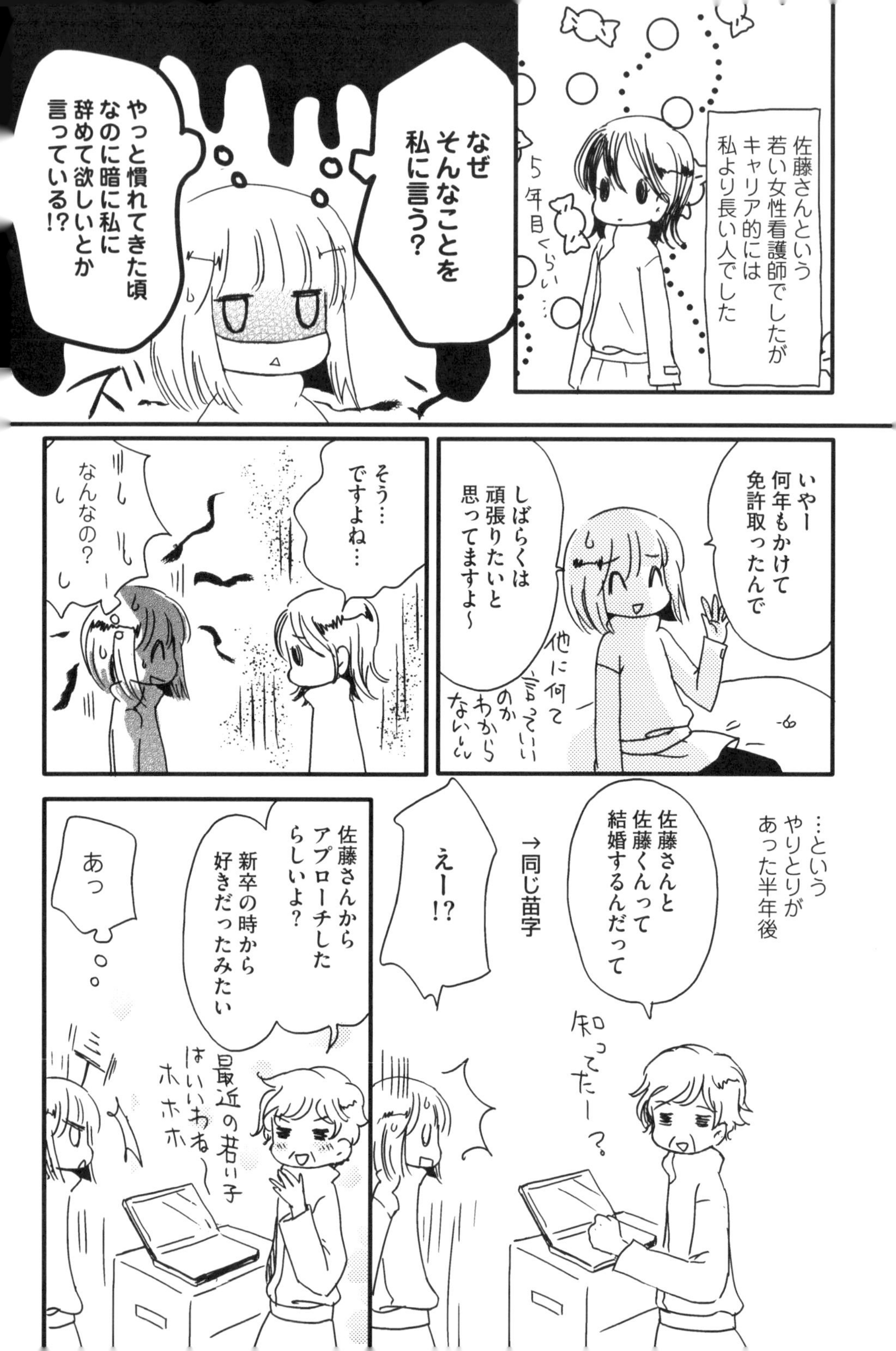
佐藤さんという
若い女性看護師でしたが
キャリア的には
私より長い人でした
5年目くらい…
なぜ
そんなことを
私に言う?
やっと慣れてきた頃
なのに暗に私に
辞めて欲しいとか
言っている!?
いやー
何年もかけて
免許取ったんで
しばらくは
頑張りたいと
思ってますよ～
他に何て
言っていい
のか
わから
ないいい
そう…
ですよね…
なんなの?
…という
やりとりが
あった半年後
佐藤さんと
佐藤くんって
結婚するんだって
→同じ苗字
えー!?
知ってたー?
佐藤さんから
アプローチした
らしいよ?
新卒の時から
好きだったみたい
あっ
最近の若い子
はいいわね～
ホホホ

2人の守護からキューピットに使われてるお前の存在に危機感を感じさせることで女性が動くキッカケを作っておる
なるほどね〜
佐藤くんと私は同じチームだったのでよく話をしていましたが
佐藤くんはでかい
佐藤さんも時々会話に参加してきていました
私を介して接触が増えていたんだな〜
私に辞めて欲しい発言は恋にとち狂って言ってしまったと…
ほう
おめでとう!
また恋愛話を時々していた友人と久しぶりに会った時
久しぶり〜
…と、写真を見せてもらったことがありました
登山の仲間内でよく遊びに行くのよ
ん?
ピーン
あれぇ?

この隣の人さぁ
友達?
彼氏じゃなくて?
うん
友達
光って視えるんだけどなぁ
縁があると思うんだけど付き合ってはいないんだね
えっ
そうなの?
そんなやりとりの後に次に会ったら
付き合うことになった
てへ
おいっ
というようなことが何度か続いて
なぜか人のキューピットばかりやっていて自分にはないよね〜
なぜ?
って何年も思ってました(笑)
鑑定していても似たようなケースがありますが転機の時はエネルギーを使います
そのカンフル剤に私のエネルギーも使われているようです
行動するエネルギーが不足する人が多い
転職
結婚
ホップ
ステップ
ジャンプ
なんとなくいつもキューピットをやってしまう…
という人の背後には白い兎さんがいらっしゃるかも…?
しれませんね(笑)

花魁の前世と恋愛のカルマ

ある時期
恋愛と結婚のカルマが
怒涛のように
出てきたことがあります
それまで先祖のこと
戦争のカルマ
宗教のカルマなど
宗教
戦争
恐らく今までは
優先順位が
高いカルマを
清算してきました
それらが
落ち着いた頃に
恋愛系のカルマが
出てきたのです

以前前世であるイギリスの
少女の恋愛のカルマを
癒した話を
描いたことがありました
見合いを反故にされて
自殺した少女でした
未浄化の前世

その少女の前世が
そろそろ癒されてきた
という時期に
自分でも思いもよらない
展開になりました

婚活アプリ?
検索してもないのになんで?
霊感アンテナが立つ
やれ
無理
やれ!
ムリ!
というやりとりのあった夜友人と会いました
久しぶり~
ナースの友人
ねねさんこのアプリいいよー使い方教えてあげるー
けっこう面白いよ~
実は婚活中だった
逃げられそうもない…?
登録してみて気づきましたが
そうか…相手の写真があるから自分と縁がある人は視たら嫌でもわかるかも?
プロフィール
そんな特殊な(?)使い方をしていました
しかしアプリは私にとってカルマホイホイでした
マッチしてしばらくやりとりをするとご飯に行きましょうとなったりするのですが
おっ?
一度会いたいです♪

何度も前世で会っていてその度に騙されていたり
二股三股あたり前
ちょっとお調子者
相手の前世の武士の人から酷い目にあったのを思い出して吐き気を催したり
…など一度食事で会っただけでも色々な前世を思い出しました
何かつきあうとか以前の問題?。
う〜ん…
何度も前世でご縁があった人は
どの時代でも毎回女性からお金をもらったり複数の女性と付き合っていました
ウフフ
アハハ
モテ
モテ
キャッキャッ
一番古い時代だと古代ローマ時代のような格好をしていました
その時視えた男性はものすごい美少年でした
それに気づいた時にこう言われました
自分の見た目を利用して女性を騙したカルマで神さまから見た目の美しさを取り上げられた
へぇー興味深いな…
今はイケメンというより普通の人…
それでモテたいモテたいと言ってたのかしら…?前世のクセで…

不思議なものですが
付き合わなくても
出会って前世の
記憶を思い出して
相手とのカルマを
理解した時に
清算されていきました
またある人と初めて
待ち合わせした時に
遠くから歩いてくる男性の
後ろになぜか見覚えのある
武士の姿が視えました
今日会う人は
たぶんあの人だな
初めまして~
待ちました?
やっぱりね
初めまして~
大丈夫です
どういうわけか
その視えている武士に
不快感を覚えました
50代くらい→
ある藩の
家老の人…
なんでだろう?
ざわ
ざわ
話を聞いているうちに
後ろの武士は
その男性の先祖でも
あることに気づきました
前世=先祖という
こともある
なぜか相手が
実家の話をし出して
武士のご先祖の因縁で
家の中が大変ということは
すぐわかったのですが
初対面だったので
あえて何も言わずに
話を聞いていました
実家が嫌いで
県外に
就職しました
先祖が大変な人に
ありがち
そのまま話を
聞いている途中
だんだんと
気持ちが悪くなってきました
ざわ
ざわ
うう

どうしたんだろう?
なんか胃の調子が悪いんですよね
大丈夫ですか?
ランチで食べたものが合わなかったのかな?
すみません今日はそろそろ帰ります
その日の夜かなりリアルな夢を見ました
ある娘が田舎から大きな武家屋敷へ10代の時に奉公へ出されていました
女中として働いていましたが若かったこともありお屋敷のご主人様のお手がつきました
娘はお金持ちの人だからそういうものだと思っていましたが
・・・
その家の主人の正妻の怒りに触れ
正妻と女中頭の女性に酷いイジメにあい
正妻
女中頭
屋敷を追い出されました
出ていけ!
家が貧しかったので帰るという選択はできませんでした

起きた時
眠～い
彼女はこのあと1人で生きていけなくて亡くなってるなぁ
という内容が視えてきました
もしかして消されてるかも～？
そうか…昨日会った人の後ろにいた武士の人は
あの武家屋敷の主人だったんだ
私が昔から不倫の話を聞く度にすごく不快感を覚えるのは
強制的に不倫状態にされて死に追いやられていたからなんだ
カルマというよりトラウマのようなっ？
あの奥さんめちゃめちゃ怖い人だったな
しかしこの時の私は大事な点を一つ見落としていたことをこの後出会った人を通して気づくのでした

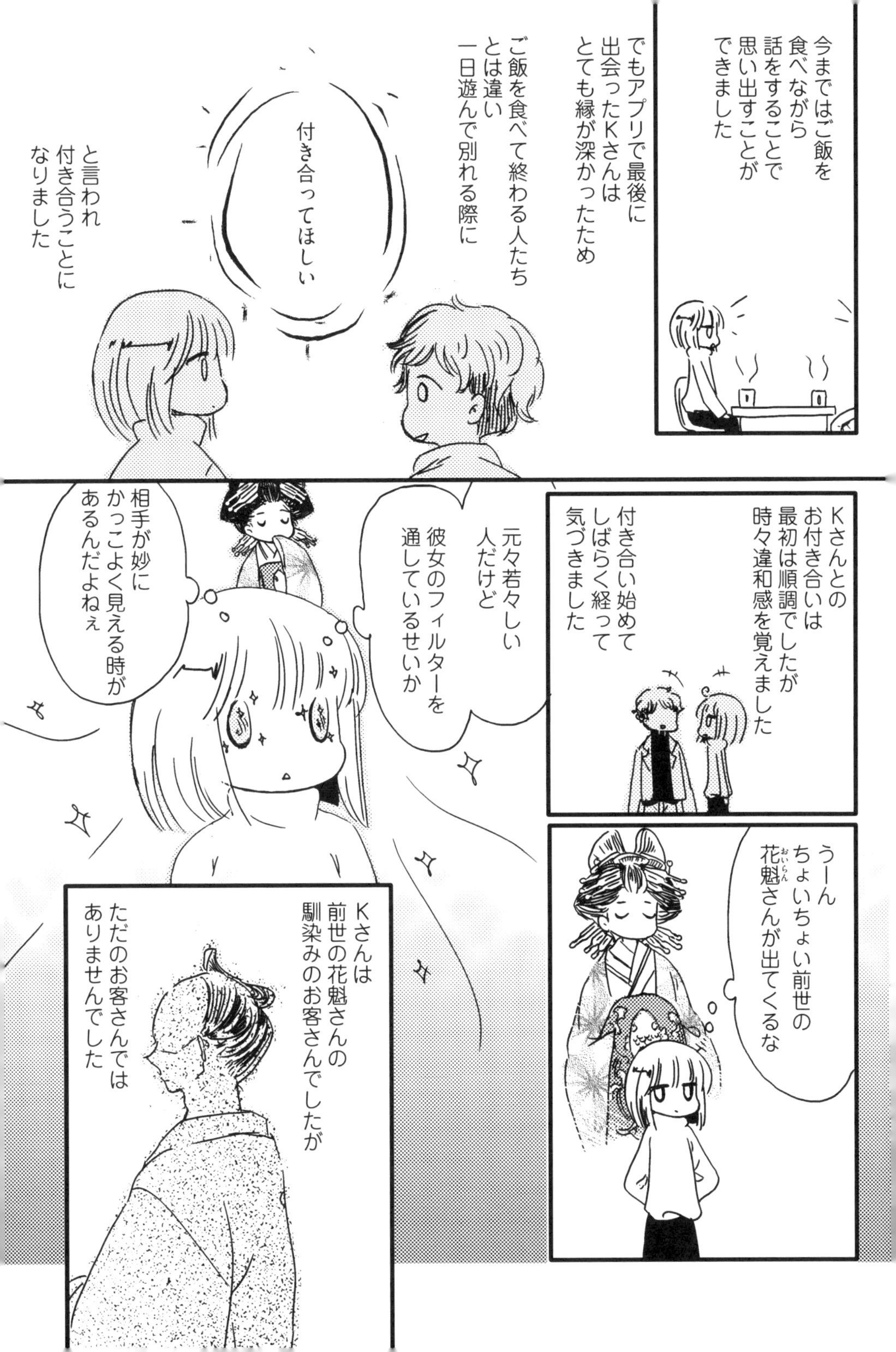
今まではご飯を食べながら話をすることで思い出すことができました
でもアプリで最後に出会ったKさんはとても縁が深かったため
ご飯を食べて終わる人たちとは違い一日遊んで別れる際に
付き合ってほしい
と言われ付き合うことになりました
Kさんとのお付き合いは最初は順調でしたが時々違和感を覚えました
付き合い始めてしばらく経って気づきました
うーんちょぃちょぃ前世の花魁《おいらん》さんが出てくるな
元々若々しい人だけど彼女のフィルターを通しているせいか
相手が妙にかっこよく見える時があるんだよねぇ
Kさんは前世の花魁さんの馴染みのお客さんでしたがただのお客さんではありませんでした

彼女にとっては
特別な男性で
お客さんというより
恋人のように思っていました
やっと会えた
という気持ちが
何度も
流れ込んできました
Kさんも
無意識に
気づいているのか
いないのか?
住んでいる町の
あるお店の情報を
教えてくれました
着物が好きなら
こんなサービスが
あるから
そのうちどう?
花魁コスプレ
サービス
ねねさんなら
きっと似合うよー
リアルに遊郭跡で
写真撮影もできる
サービスだって
…
バレてるの?!
そんな話をされ
一人でドキドキする
こともありました
無意識って怖い…

私やKさんが当時住んでいたC町はリアルに遊郭があった場所があります
婚活アプリで知り合った人にもその町に縁がある人が多くいました
母の実家～
実家があって時々帰省する！
偶然…じゃないよね～
また看護学生の時からその町に引っ張られることが度々ありました
何度か引っ張られてC町の看護学校を検討したこともあります
地元の霊能者さんには
そこで出会いがあるから
と、言われたことがありました
それを聞いていたこともあり卒業してからC町に引っ越すことになりました
忙しいわ～
C町で働いていた時は
前世の花魁さん関係の人がたくさんいるなぁ…
と、なりました
出会いは出会いでも…悪縁のほうの出会いなんですね

前世の花魁さんは
C町の遊廓の
女性でした
C町という場所を通して
色んな色恋関係の
因縁や悪縁を
引き寄せていたのでした
因縁の町
C町
看護学生の頃は
花魁さんの前世を
知らなかったものの
魂がC町に
引き寄せられていました
アプリって私にとっては
カルマホイホイツールだったんだなー
うぬぅ～
おかげで(?)
かなりカルマ
清算できたけども…
ちなみに
アプリを教えてくれた
友人は
遊廓の同僚でした
ねねさん
あれから
どう～？
似たような
カルマがあるので
やっぱり恋愛で
苦労していました
Kさんとはしばらく
普通にお付き合いを
していました
しかし段々
違和感を強く感じるように
なりました
今日は何食べるー？
Kさんの仕事が忙しい
こともあって
ゆっくりできる
お部屋デートが
続いた時でした

私と会わない週に
仲間とバイクで
ツーリングに行った
という話を聞いた時は
私も外で
遊びたかった!
もやぁ~
あ…
これって
花魁さんの
感情だ!
彼女が窓の外を見ながら
前世のKさんを
待っている風景が
視えてきました
ここを出られたら
一緒に外を歩きたい
夜じゃなくて
日の光の下で
一緒に歩きたい
彼女の想いが
流れ込んできた時
なんだか彼女が
不憫に
思えてきました

自分でも悪縁の前世のご縁だというのはわかっていました
でも別れるにしても「今」じゃないんだよね
なぜかそんな風に思いました
何かわからないけどまだ解消できてない何かがあるはず…
そんなある日体調が良くない日が続きました
う～～ん
どうしよう？
1回ほど夜間に救急車を呼ぶか迷った時
未浄化の女性が視え始めました

またお前が
あの人に
近づいて来た
私に覆いかぶさる
ように
憑いてきました
霊障かも!?
と思ったので
救急車は呼ばずに
朝まで待つことに
しました
朝
あの女性は
もしかして…
奥さんの前世?
Kさんは数年前に
奥さんを病気で
亡くされていました
ある時
奥さんの話に
なりました
うちはお墓は
もうあるんだけど
奥さんのお骨は
まだ仏壇に置いて
拝んでるよ
えっ
あっ!
もしかして
そのせいで
成仏できてない?

仏壇に長くお骨を置くことはお勧めできません
生きている人が生活している場所でもあるので
故人がうたた寝のような状態になり
ゆっくり眠ることができないからです
うーん ゆっくり眠らせてぇ〜
ドタドタ
また手元に置いておくことで残された方の感情に故人が影響されます
上がれない〜
念
しくしく
49日で納骨が理想
あまり長く仏壇にお骨を置くのは良くないよ
納骨してあげたら?
そうだね お寺に電話してみる
そして納骨が決まったのでホッとしたのですが
おや?
その後も奥さんの霊らしき方がちょくちょくうちへ来ていました
おかしいな?

その頃
初めて一泊旅行で
遊びに行くことに
なりました
お外デート
久しぶりだから
ちょっと楽しみ
とか呑気に
考えていたのですが
思いもかけない展開に
なりました
その日は妙に
眠かったのを
覚えています
うう…
眠……
あっという間に
意識が
なくなりました
夢の中に
花魁姿の女性が
出て来ました
店の入り口に
男性が入ってきました
しばらく顔を
見せなかったけど
どうしてたの？
あっ
当時花街では
感染症が流行して
いました

前世のKさんは
その感染症に
罹患して
いました
きゃ
お前も
どうせ死ぬんだ!
一緒に
死んでくれ!
Kさんの前世は
死を悟り
私の前世の女性を
道連れに死のうと
しましたが
お店の男性に
阻まれました
私の前世の女性は
無理心中されそうになり
かなりショックを
受けていました
その後
前世のKさんは亡くなり
奥様が未亡人になった後
子供を抱えて苦労した
という話を
風の噂で耳にしました
前世のKさんは
長州の武士で
花街に遊びに来ていましたが
きちんと正室がいらっしゃいました
あっ
奥さん!
ぱち
そうか!!
奥さんがうちに
来ていた理由が
やっとわかった
起きてもこの夢は
鮮明に覚えて
いました
前世のKさんの正室が
今世の亡くなった
奥さんなんだ
奥さんの前世は
一人で子育てしながら
私を恨んでいた

私の前世は感染症には罹患していませんでしたが
小さい町なので無理心中の話も筒抜け
前世のKさんと関わりが深かったので恨みの矛先になっていました
人は魂だけになった時前世の記憶を取り戻します
奥さんの前世は元々未浄化の状態だったようですが
私とKさんが出会ったことで奥さんの前世の魂も活性化したようでした
前世の夢を見た時私もショックを隠せませんでした
この件を思い出した後Kさんとはなんとなくすれ違うようになりました
そしてちょうど同じ時期に奥さんの納骨式が終わったと教えてもらいました

私もお参りに行きたいので場所を教えて
メール
前世の記憶を取り戻してからずっと申し訳ない気持ちになっていました
お墓参りで拝んだ時に前世のことを謝罪しました
前世では酷いことをして申し訳ありませんでした
前世の記憶を取り戻した時前世の自分が傲慢になってたと知りました
彼が愛してるのは私だけ奥さんは形だけの結婚だから
でも彼女はKさんの死に際を見た時そうではなかったと感じたようです
お墓で謝ったら奥さんの霊が降りて来ました

拝んでくれて
ありがとう
そのまま光りながら
上がっていきました
帰る時に
とても綺麗な
虹が出ました
わーキレイ♡
あっ
そういえば
すっかり忘れてたけど
アプリを始めた日も
虹が出ていたなぁ
奥さんから許されて
やっと恋愛関係の
カルマを
解消したんだーー!
よかったーー!
とても気分が
軽くなりました
清々
この後Kさんとは
完全にお別れしました
Kさんは前世で奥さんに
負担させてしまった子育てを
今世は「一人で背負っていく」
ことがテーマになっている人
だったと思うんだよね
そんな状態で
私がKさんの家に
入っていくのは
やっぱり違うと思う

虹を見てから
しばらく経って
前世の花魁さんが
夢枕に立ちました
今世もあの人は
変わっていなかった
どうも前世の花魁さんは
私を通してKさんを
見ていたようでした
いつか花街を出て
夫婦になりたかった
一緒に太陽の下を
歩きたかった
でもあの人にとって
今も昔も私は
花街の相手だった…
彼女も光りながら
上がっていきました
Kさんの前世に対しての
執着が消えて
成仏できたようでした

Kさんと出会った時は
奥さんと死別されていて
シングルの方だと
思っていました
でも視えない世界では
前世からの三角関係を
引きずっていました
いわゆる不倫関係の
カルマは恋愛運を
落とします
どうしても
奥さんのように
傷つく人が
出てしまうからです

誰かを傷つけたり
命を奪うという行為は
視えない世界では
カルマになります
今回
前世で悪縁の人は
生まれ変わっても
悪縁なんだということを
学びました
今世では
不倫はしていませんが
前世の行いで私は
恋愛運を落としていました
それが解消されたことで
今後急展開していきます

パートナーとの出会い

ねねさんは恋愛系の因縁がありますよ
直球
うっ
って言われたことがありました
結婚に対して子供の頃から拒否感があるのはたぶんカルマのせいなんだよね〜
知ってても言われるとグサッとくるね〜
ミシッ
それからしばらく経って話のついでに不動さんに結婚について聞いてみたことがありました
どうっすか？
…
結婚関係の鑑定は多いから未婚の男性を紹介したいのはやまやまなんですけど…
ねねさんと同じくらいの霊感のある男性を僕は知りません
はあ？

なんか遠回しに
お前に結婚は無理
って言われた感じ…
ぬ
「同じくらいの霊感がある人を知らない」とはどういうことか?
付き合う相手や結婚する相手は同じくらいの霊感のある人だとうまくいく…ということです
同じくらいの霊感の人だと見えている視野が同じなので価値観も合います
価値観やものの見方が合う人のほうが
人生を一緒に歩む上でも一緒に生活をする上でも長続きします
人生という山
そんな私でしたが出会うことができました!
お～!

猫谷さんです
カンパーイ
エロ谷でーす
というかんじのダメンズです
好物はヨークハイ
中身がアメリカ人(?!)
180センチ でかい
漫画に出す時に希望の名前ある？
うーん
猫田 猫崎 猫川 猫谷 猫橋 猫村……
なぜか猫から離れられない…
というわけで猫谷さんです
ニャー
別に猫好きではありません
実は猫谷さんとはKさんとお別れして2カ月後くらいに出会いました
えっ そんな短かったの!?
フギャー
しれっ
もう結婚はいいやって思ってたけど早かったね〜 まぁこの先別れないという保証はないですけどね〜？
……………
圧

そういう時に
限って母とご飯に
行ったんだけど
久々に会ったら
腰が少し
曲がってまして
ヨイショ
まだまだ元気…
と思ってましたが
母の年齢が母方の祖母の寿命に
近づいている…ということに
気がつきました
いい加減
母を安心させて
あげたいな……
もう1回だけ
探してみるか…
ハー
腰痛いわ〜〜
とか言いながら
探していたら
猫谷さんと
出会いました
親孝行の気持ちで
探したことが
よかったようです
猫谷さんと
初めて会う日に
ランチをしました
初めまして〜
初顔合わせの時から
緊張せず話が
できていました
話が弾んでいる中
お互い
視ていました

この人
前世で偉い武将
やってるわ
キリッ
白いしっぽに
赤い目尻〜♪
この子
お稲荷さん
じゃん
初対面が
このような
感じだったので
あっ
幽霊！
どこにでも
おる！
あっという間に
お互い視えている人間
だということが
バレてしまいました
なので仕事の
ことも話した
いいんじゃ
な〜〜いよ
かくかく
しかじか…
USA

猫谷さんは霊感が強いので不思議な話も当たり前のテンションでしてきました
こないだねねさんのお父さんが夢に出て来たよ～
えっ顔知らないでしょ？
お前の飲んでる酒は酒じゃない
麒麟を飲め
って言ってきた
父親似だね☆
すでに亡くなっている
父だ…
キリンのビール大好きだった…
そして自分のことを招き猫体質だと言っていました
猫谷なだけに！
俺招き猫体質なんだよね～
ご飯屋さんが後から絶対混んでくるよ
えっ？私も！
「招き猫体質」って言葉をリアルに言ってる人初めて見た！

またある時には平安時代が舞台のドラマを一緒に観ていると……
ねねさんも前世であの舞やってるよね～
え!? なんで知ってるん?
あの女優さんと同じくらいの身分だったでしょ
視えちゃった♪
何も言ってないのに恐ろしいやつ
うぬぅ
といった具合に共通のものが視えている時がありました
またある日お休みが一緒の日に遊びに行きました
帰りに温泉に寄ろうという話になった時
調べたらこの辺に温泉があるらしいよ～
行ってみよ～!
温泉めぐりが趣味
………

この近くに温泉なんてあったっけ？
嫌な予感…
猫谷さん…ここ幽霊だらけなんだけど…
うん
帰ろっか
ニャハ★
調べてみたら水害の後再建できずに廃業していた温泉施設でした
ネット調べ
霊感があるせいで幽霊にもホイホイされちゃうのか…
今はちょこちょこ喧嘩しながらも仲良く暮らしています
酒の缶くらい自分で捨てろ～
ハーイ
結婚のご縁のある人というのは前世でも家族などのソウルメイトです
初対面でも身内と話している感じがありました
恋愛系の因縁の相手とはまた違うなと感じました

一生結婚しないと
自分では
思っていたのですが
しっくりくる相手と
出会うことで
また気持ちが
変わりました
人生、先に
何があるか
わかりません
何かのきっかけで
考えが変わることも
あると思います
前世は
たくさんあって
多くのご縁が
あります
出会いがない人は
いませんので
その中から自分が
誰を選び取るか
自分に合った
縁の人と
出会えるのか
そしてそのために
行動できるのか
ということだと
思います
なのでもし猫谷さんと
わかれたらまた
探します♥
U.SA

猫谷さんの中のひと?

猫谷さんは時々
俺の「中のひと」が
○○って言ってんだよねー
という表現をします
最初は
私の場合は「後ろのひと」って言うけど
人によって感じる場所が違うのかな?
と思っていました
しかしある日妙なことが何度かありました
猫谷さんは私とは正反対の○太くん並の寝付きの良さです
ベッド
3秒☆
しかし寝た後のほうが霊感的にはすごい気がします

夜は一緒に寝ているのですが
3秒
すぴーー♥
くそ早いな～
寝つき悪い
猫だからよく寝る?!♪
ある日の晩生き霊がやってきました
知り合いだったのでとても嫌な気分になりました
とっても不快…
ゴロン
ぎゅっ
なんで?
なんで落ち込んでるのがわかったのかな?
ヨシヨシ
ヨシヨシ
ヨシヨシ
ヨシヨシ
1回目が開いたけどしっかり寝てるよねぇ
その時はただただ不思議に思いました

また ある日には
ビー
バッ
バッ
印を結んでる!?
※前世で陰陽師やってた人
私も寝よ…
起きてても寝てても騒がしい人だ
そんなことを思ってたら次の日猫谷さんに
ねねさんブログに変なこと書いたでしょ
祓っても祓っても念が飛んでくるよ!!
んも 中の人が怒ってるよ!
なんでわかったの?
そんなことが続いていたので
中のひとって一体誰なんだ!?
と、思うようになりました

最初は視えてる前世の陰陽師のひとかと思ったんだけど…
それもなんか違う気がする
うーん
そういえば子供の頃霊感が強すぎて苦労したって聞いたなぁ
良いトコの坊っちゃん
母親が定期的にお不動さまや霊能者の所に連れてってたって言ってたし
「中」のひとっていうくらいだから何かにとり憑かれてるのかと心配したけどそういうわけでもなさそうだし
どっちにしても悪いものじゃないし私を認識してるから私と関わる前世由来のものだと思うんだよね
しかし誰かは気になるのである…
すぴー♥
寝てる時に名前だけでも聞けないかなぁ
ねえ…

すぴ
こちょ
こちょ
あっ
出てきた！
ぐー
むにゃ～
くそ～
一瞬だったなぁ
聞けなかった
次の日
中のひとに
ねねさんが夜中に
いたずらしてくるって
言われたんだけど
何したのー
も～
すってん
というわけで
今現在も
謎に
包まれています
いつか
解明したい！
何だこのオチ

自分の直感を信じるということ

以前お世話になってた霊能者さんと普通に話していたら
年下好き？
…と、脈絡もなく唐突に聞かれました
突然♥
嫌いじゃないですけどなんで急に？
←私の後ろのひとから聞いたらしい
准看護学校で5歳くらい年下で元介護職の人と出会いがあるかも？
こんなこと言われたら気になって仕方がありませんでした（笑）
なので予定していたC町の3年制の高看護学校は蹴り准看護学校に入学しました
ハハハ
准看護学校に入学すると元介護職の年下の男性がクラスメイトに何人かいましたが
いや違う
直感でそう思いました
しかも結婚してる人もいた。
准看じゃなかったのかな？
まあいいか
そんな折にC町の話をしてくれた霊能者さんには
C町に惹かれるのは出会いがあるからだよ
でもC町の3年制の学校で卒業しちゃうとあなたの勉強にならないから准看護経由で遠回りさせたって言ってる
ガーン
3年で資格がとれる所が5年かかった

なんか後ろのひとの手のひらで踊らされてる気がする!!
きぃぃ。。
↑楽な選択した結果人のせいにする
実際うまく操作されてると思いました
私の守護は霊能者の助言をまるっと信じて実行するとわかっていて
メッセージを送ってきていました
なので今まで関わってくださった霊能者の方はそのメッセージをまるまる伝えてくださってたので
うっそぴょ〜ん
当たってる当たってない以前の問題で嘘をついていたのは私の守護のほうでした
C町には私の魂が引っ張られていたからきっといつかは引っ越していたと思います
カルマたっぷり
C町
うう〜‥
でも確実に行かないといけないから霊能者の口を借りて言ってきたんだろうな…
フフフ
恋愛の最大のカルマの場所だもんね☆

ここで私が言いたいのは
当時の私は自分の頭で判断して決めていない
ということです
キリッ
鑑定で言われたことは参考程度にして自分の気持ちでC町に引っ越すという選択ができていればなぁと今は思います
行こう!
自分の人生の選択を他人軸で決めてしまうのはとても怖いことです
自分の気持ちで決断したことは後悔しにくいです
逆にC町に行ったことで後悔するようなことになれば鑑定してくださった霊能者さんを恨んでしまうこともあり得ます
段々とグランディングが整っていったあとのお話も引っ越しに関連します
猫谷さんと出会う数年前の話です
病院を退職後しばらく経って私はC町を後にします
さあ次の町!
スタ
スタ
C町
リアルRPG?!

C町から引っ越すことを
決めたのはいいけど
福岡県と山口県で
少し迷っていました
う〜ん
福岡
山口
絵やスピリチュアル的な
仕事をしていくにしても
後々看護師に戻ったとしても
山口県でなければ
できないわけでもなく
県外も検討していました
でも山口を
離れたいかというと
そこまででもない
ないんだよねぇ
山口?
こっち?!
そう思いながら
不動さんに
相談しました
福岡が
いいですよ
ONLINE
えっ
福岡を検討
してるなんて
言ってないのにっ
福岡の土地の神さまが
鑑定や仕事をサポート
してくれるようですよ
福岡
どや
福岡かぁ〜
でもなぁ…
県外に出ることに
躊躇してしまう
理由が私には
一つありました

高齢の母に何かあった時すぐに駆けつけられるかな…
山口はどうですかね～
まぁ山口もだめということはないと思いますよ
かなり迷いましたが…
母が生きているうちは近くにいて親孝行したい
という気持ちを優先して山口県内に留まることにしました
もし鑑定に従って福岡に行った場合猫谷さんとの出会いはなかったと思います
「親孝行」したいという動機が結果的に「結婚」というご縁を引き寄せたのでした
霊感がないから私には無理…と思う方もいるかもしれません
霊感がない人はいませんし霊感に頼らなくても大事なことはあります
それは①自分で決める②現実に即した判断をする③良い引き寄せを意識するです！
恋愛相談で占い師さんからアドバイスをもらったとしても自分の人生のことは自分で決めてください

私の場合は親孝行でしたが引き寄せる時の動機次第でご縁が変わってきます
仕事も！
ポジティブな動機は良いご縁を引き寄せます
また前世で因縁の相手だった人は今世でも因縁の相手でした
そういう相手とは出会って付き合っていても関係する前世が前に出てきてモヤモヤすることが多く苦しい恋愛が多かったです
しかしそういった相手と出会って別れることで清算できる場合があります
次はどっち？
分岐
清算
因縁の相手と出会った時こそ相手としっかり向き合ってください
別れて終わることで「次の出会い」への道が開かれます
ちなみに母の親孝行のためにと選んだ引っ越し先の土地は
母方のとんでもない先祖とつながる場所でもありました
山口に残るという選択がこの後大きく私に影響していきます！
武将編へつづく☆

お稲荷さんと毘沙門天さまの不思議なお話

山口に根を下ろす

私は社会人になった時地元を離れて関東に移住しました
当時は知りませんでしたが後になってお世話になった霊能者さんにこう言われました
先祖同士で話し合ったみたいよ
はい？
え？
学生の時は隠れキリシタンの霊障で大変だったから
このままだと体を壊してしまうので家から出そうって
えっ？
え？
実家から距離を取ることで霊障って少し楽になるの
なんと！
えぇー そうだったんですね！
でも霊感が強いねねさんを実家に残したい派もいて
ちょっと意見が分かれたみたいだけどねー
へえ〜っ

その話を聞いた時は当時のことを思い出して妙に納得しました
なるほど!
だから山口が嫌いって感じたのか!
ザワ
ザワ
ザワ
山口なんていたくない!
なんとかしてすぐ出たい!
上京する時はザワザワしまくってたもんねー
あれってご先祖さまのサインだったんだなー
それから何年も経って看護学校へ行くために実家に戻りましたが
学校を卒業後もなんだかんだと山口に居続けています
うーん
もう出たいって思わないなー
むしろ東京のような都会には住みたくない
そうなってしまった理由に先祖が整って霊障を気にする必要がなくなったことと
生まれた土地に帰ったことで必要なご縁としっかり繋がったことにあります
そんな状態になってしまった今回のお話を聞いてください!

数年前に看護師として勤めていた病院を辞めた後
なぜなら辞めても病院から人材を引っぱる念が出ていたから
戻りません
福岡を蹴って県内での引越しを決意しました
工場地帯や都会を避けて物件を探した結果
う〜〜ん
どういうわけか母の実家付近に住むことになりました
育ったのは父方の家ですが
父方
母方
生まれた病院があるのは母方の実家がある土地でした
バブー
他にも引越し先を母方の土地にした決め手は……
①土地の気が良い
②産土《うぶすな》さまの土地
③大きなキリスト教会がある
（伊勢）天照さま
…など私との相性が良いという理由がありました
マリア様（カトリック）
（出雲）スサノヲ様

そして引越しの物件を決める時に不思議なことがありました
不動産屋さんで気になった物件を3軒まわることにしたのですが
1カ所目
ここは無理！
2カ所目
まぁ普通かな住めなくもない
可もなく不可もなく
ふっう・・・
3カ所目
体が軽い！ここはパワースポットだ！ここに住みたい！
そんな感じで住む物件はすぐに決まりました
一部屋は仕事部屋にしよう～！
土地の気で決めた私でしたが
実は思いもかけず自分の前世と深い縁で呼ばれていた場所でした

まず最初に住み出してから
中にはキリシタンもいた…
ヨロシク
うわぁ
母方の先祖が供養してほしくて出てくるようになり供養を始めました
以前は父方の隠れキリシタンが強烈だったせいでわかりにくかったけど
母方も結構未浄化の人がいるなぁ
また住み始めて数日後ある場所にも引っ張られました
お寺の中に鳥居が?
神仏習合の名残り??
近所のお寺から神さまのようなエネルギーが降りてきているのが視えました
気になって見に行くと過去にその土地を治めていたA氏という武将一族の当主の一人が埋葬されていました
なんで呼ばれたんだろう
普通は見ず知らずのお墓は拝まないのですが
ここは必要があって呼ばれたな…
しかも成仏してかなり上のほうに上がっている武士の人だ
…という感じで視えていたので大丈夫と判断して拝むことにしました

*直感：霊感と言い換えられます

色んな時代のA氏武将関係のお墓をまわらされてるのって…
もしかして先祖供養をやらされている?
気がする…
でもそんなバカな…母方は農民だし…
前世の先祖供養なら整合性は取れるけど…
まわったお墓の中に前世かも? と思った人もいました
そう思って不動さんと話す機会があった時にその話をしてみたのですが意外なことを言われました
母方の先祖でもあるし前世でもあるみたいですよ
両方だった!?
でも苗字が違いますよ
母方の先祖を遡るとどこかでそのA氏の一族と繋がるみたいですよ
まぁ確かに母方の先祖は代々この土地に住んだ一族だから
同じ地区だし武将の親戚筋が嫁いできたとかそんな感じなのかな?
う〜ん?
そんな話をされてびっくりしている所に母方の祖父の法事に行くことになりました

今まで母方の檀家寺には行ったことがありましたが
なぜかその時調べたくなりお寺のホームページを見に行きました
えっ
A氏一族の屋敷跡にあった場所に寺が建ってる!?
うそ～
A氏一族は母方の土地で長らく続いた一族なので何代も当主がいますが
そのうちの一人が屋敷を構えていた場所だとわかりました
母方の檀家寺がA氏の屋敷跡…
母方の先祖が代々住んだ家のすぐそばです
とても偶然とは思えませんでした
「遡ると先祖かもしれない説」が妙に信憑性を帯びているように感じられました
まじ？
ある日地元の毘沙門天堂があるお寺に偶然行きました
前から気になってたよ

※個人が身辺に置き私的に礼拝するための仏像

今まで度々
毘沙門天さまに
呼ばれる意味が
やっとわかったなぁ
※本当は他にもあるのですが描ける範囲で描いてます
すっきりした！
視えた時も思ったけど
この毘沙門天像の
持ち主が
私の前世なのかな？
何代も当主がいるので
私の前世が誰か
調べていたところでした
しかし
不動さんには…
その人は
前世じゃなくて
ねねさんの前世の
子孫だそうですよ
ねねさんは
もっと前の代の
当主だそうです
と、
言われました
もっと前…？
すでに
拝んでおる
と言われた瞬間
脳天を貫くような
感覚があり
すぐ理解できました
あっ！
そうなのです
灯台下暗しとは
まさにこのこと
う〜ん〜
一番最初に
呼んでくれた
場所があった
じゃーん
あの時の一体感を
すっかり忘れてたよ
→前世と繋がった時に
そう感じる

家の近くのお寺にあった
お墓に私の前世が
眠っていたのでした(笑)
今までも
あったのですが
全部終わった頃に
答えを教えてくれる
ことがあります
謎を追求してしまう
性格ゆえ、
供養してまわっていた
ということがありました
A氏一族の先祖供養が
終わった頃に対面鑑定を
始めることになりました
私に影響力のある前世や
先祖としっかり繋がることは
霊能者の仕事をする上で
必要不可欠でした
A氏一族の前世は
地元に大変影響力の
あった方でした
そして山口の地を
愛した
その武将の影響か？
私の推し
郷土菓子
ういろう!!
上京した時とはうって変わり
郷土愛に目覚めてしまい
今は山口から出ることは
考えられなくなりました(笑)
住む場所
生まれる場所は
何かしら前世の
ご縁があります
特に生まれた土地は
深い関わりがあることが
多いです
生まれた場所に還って
しばらくは活動して
いきたいと思っています

縁切り神社

稀に呪術的なものを感じる神社さんがあります
以前知らずに参拝したある神社さんで悪縁を切っていただいた時のお話です
その人は完全に悪縁だから縁を切ったほうがいいよ
キリッ
…と、猫谷さんに言われていた人がいました
付き合いもあるから
そんな簡単にはいかないよ
え〜
も〜
そんな話をしながらある神社さんへ寄ることになりました
小さいけどいいね〜

社務所もない
小さな神社さん
でしたが
今でも
視えない存在が
いらっしゃいました
すごい風だね
ビュ
歓迎して
くれてるね
熱烈に…
にゃ〜〜
……
ん〜
ここって何か
埋めてるよね
うん
ご神体として
何かを埋めてる
ように視えるね
A氏一族が
建てた神社だから
創建時に陰陽師が
関わってるのかもね
※町を造る時に
京都から陰陽師を
呼んでいる
USA
そんな話をしながら
神社の階段を降りて
いたのですが
風が吹いた時に
右側から何かが
飛んできました
ヒュッ
階段の縁に当たって
私の目の前で
真横に横切りました
わっ
と、同時に
鎌のようなものが
横切るのが視えました

びっくりしたー
今の木の実ドングリかな？
真横に飛んだよ
………
むー
今悪縁切ってもらったよね
えっ？
猫谷さんにそう言われて携帯を見たら
数分前に悪縁だと猫谷さんに言われた本人から用事で会えなくなった旨のメールが届いてました
ぇぇ～？
うそ～
階段を降り切って入口の幟《のぼり》を見た時にさらに驚きました
縁切り神社
うわあぁぁぁ
………
ここって縁切り神社だったんだ
気づかなかった…
お稲荷さんに会いにきたつもりだったのに

参拝に来た神社自体は稲荷神社さんではなかったのですが
お稲荷さんと縁が深い土地柄で
実は末社にお稲荷さんがあり
私としてはそちらをメインと考えて参拝していました
本殿には違う神さまが祀られておりそちらが縁切り専門の神さまだったようです
そういえば…
お願いとして言ったつもりはないけど
フフフ…
無意識に悪縁困ったなぁと思いながら手を合わせていた気がする…
悪縁の方の後ろに拝み屋の男性が視えていました
山法師のような出で立ち
そうか…
あの拝み屋はこの神社系列の山伏の人だったんだ…!!

これは視えたものからの想像だけど…
ここのお稲荷さんは山伏や陰陽師に使役されていた子だよね
うんもしかしたら実際に狐を埋めているのかもね
昔の人は古墳の上に神社を建てているし祀ることで神になるからね
勉強になったろう
これに懲りて今後なんでも安請け合いはしないことだ
!?
う〜ん経験だったのか?
最近霊視をしていると守護してくれている前世の武将や山伏が出てくることがあります
帰るよ〜
そういう時相手の方の前世にも山伏が視えたりします私にも同じような前世があるからです
視えない世界は視えないご縁で繋がっているんだなと実感した出来事でした
登山好きに多いです

すり替えられた神さま

前回
山伏や陰陽師に
使われていた
お稲荷さんと
縁が深い場所で
悪縁を切って
いただいたお話を
描きました
私は稲荷神と
とても相性が良いです
前回は
あまり何も考えない
状態でいつの間にか
悪縁を切っていただいて
いたのですが
そのお話を
描いていて
数年前に
呪術的に使われていた
お稲荷さんのことを
思い出しました
山口県からは離れた地ですが
色々な人に考えていただく
キッカケになればと思い
描くことにしました

数年前に旅行で寄った稲荷神社さんでとても印象に残っている場所があります
あれ？こんな所に稲荷神社がある
MAPで下調べ
旅行について調べていたら地図上に出てきました
ネットで調べるとそれなりに有名な神社さんだとわかりました
1日目なら寄れる時間が取れそうだな
あとはあそこ行ってあれ食べて次の日はこれとあれ食べてお土産はあれ買って～
アンテナが立つこともあり気になったので寄ってみることにしました
神社より食べ物を調べる時間の方が長い(笑)
しかし行ってみたところ…
……
あんぐり☆
でか…

でかい…
最近できた神社なのかな？
まだあんぐり
お稲荷さんのご神気とは違うような…？
そもそもご神気があまり境内に漂ってない？
入口から若干の違和感を感じました
普通は稲荷神社さんに行くと入口あたりにも小さなお稲荷さんがいて出迎えてくれます
よく来た
コーン
アレ？
しーん
とりあえず入ってみようか
肩すかし
本殿に行ってみて驚きました
神社にしては珍しい…
はーい
300円でーす
入場料を払って入るシステムなんだ？お寺みたい

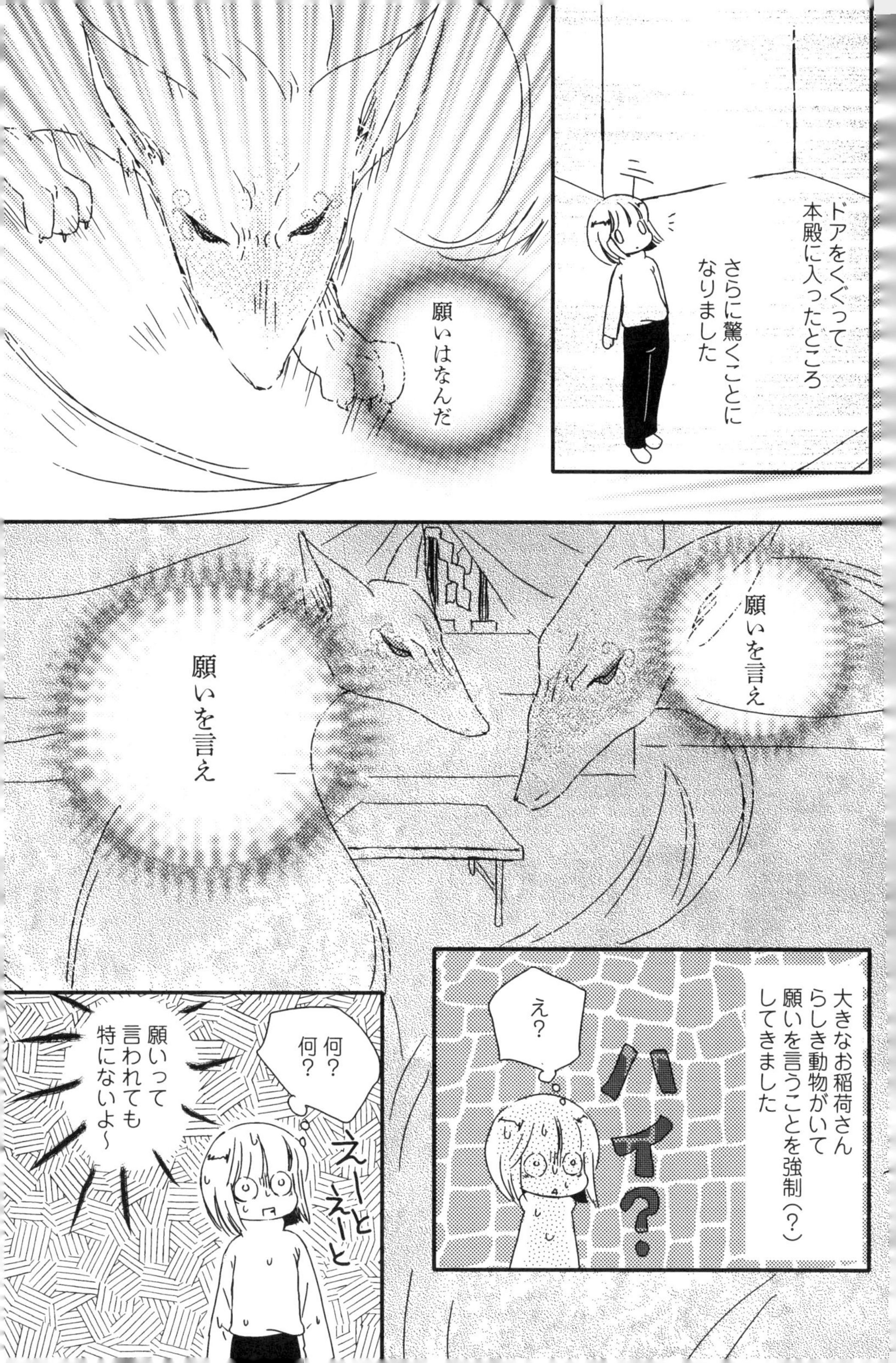
ドアをくぐって
本殿に入ったところ
さらに驚くことに
なりました
願いはなんだ
願いを言え
願いを言え
大きなお稲荷さん
らしき動物がいて
願いを言うことを強制（？）
してきました
え？
ハイ？
何？
何？
願いって
言われても
特にないよ～
えーと
えーと

……じゃあ
えーと。。。
次巻でも面白い漫画が描けますように～
→これくらいしか思いつかなかった
今のは何だったんだ…
すぐ近くに奥の院があるとわかっていたので
そちらにも寄ってみることにしました
ここのほうが落ち着くかな
ふー
奥の院の近くに古木があり引っ張られました
ご苦労である
その木が話しかけてきました

それと同時に古代の風景が視えてきました
この地では元々龍神を祀っていた
この木が土地の記憶を見せてくれてるみたい…
牧歌的な村で土地の龍神に五穀豊穣を祈願していた
人間と神は良い関係を保っていた
しかし今はどうだ
途中から人を集めるために人間の都合で龍神から稲荷へ神をすり替えた
自然の祈りから現世利益へ
あの者たちも元々いた神だったが今では見る影もなく変貌してしまった

人間の願いを叶えるだけの機械のようになってしまった
!?
そうだったんだ！私が知っているお稲荷さんとは見た目も違うって思ったけど
そもそも違う神さまだったんだ!!
あまりに悲しい話だったので聞きながら涙が出てしまいました
教えてくれてありがとう
帰りにもう1回本殿に寄って帰ることにしました
さっきの願いは取り消します
願いを変更します

こちらの神社の神さまが
昔のように心やすくご神威が発揮できますように
元の姿に戻れますように
祈念します
それ以来この神社さんへ参拝していないのでそれからどうなったかはわかりません

この神社さんは年に一度
大きなお祭りがあり
多くの参拝者が
訪れているそうです
その話を
ネットで読んだ時
人を集めるための
術的なものを
感じるなぁ
と、思いました
多くの人が
祈願に訪れる神社さんで
私の祈りは焼石に一滴の水を
注ぐようなものだと
わかっていますが
それでも神さまが
いつか元の姿に
戻れる日が来ると
いいなと願っています

山口と神功《じんぐう》皇后さまとのご縁？

※初代天皇として日本神話（『古事記』など）に記載されている。

※仲哀天皇の没後、新羅に出兵したとされる伝承。

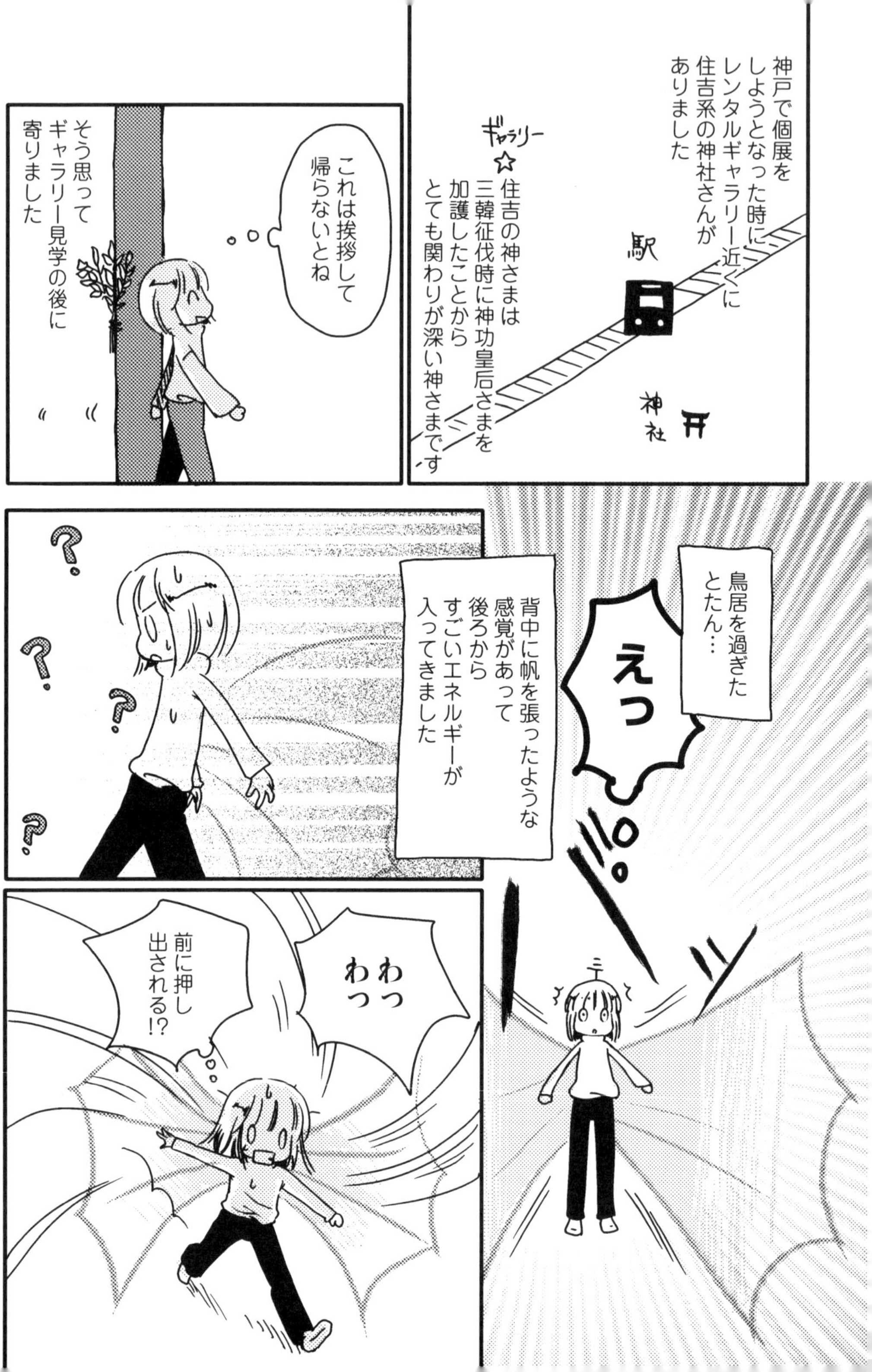
神戸で個展をしようとなった時にレンタルギャラリー近くに住吉系の神社さんがありました
駅
神社
ギャラリー
☆住吉の神さまは三韓征伐時に神功皇后さまを加護したことからとても関わりが深い神さまです
そう思ってギャラリー見学の後に寄りました
これは挨拶して帰らないとね
鳥居を過ぎたとたん…
えっ
ドン
背中に帆を張ったような感覚があって後ろからすごいエネルギーが入ってきました
わっわっ
前に押し出される!?

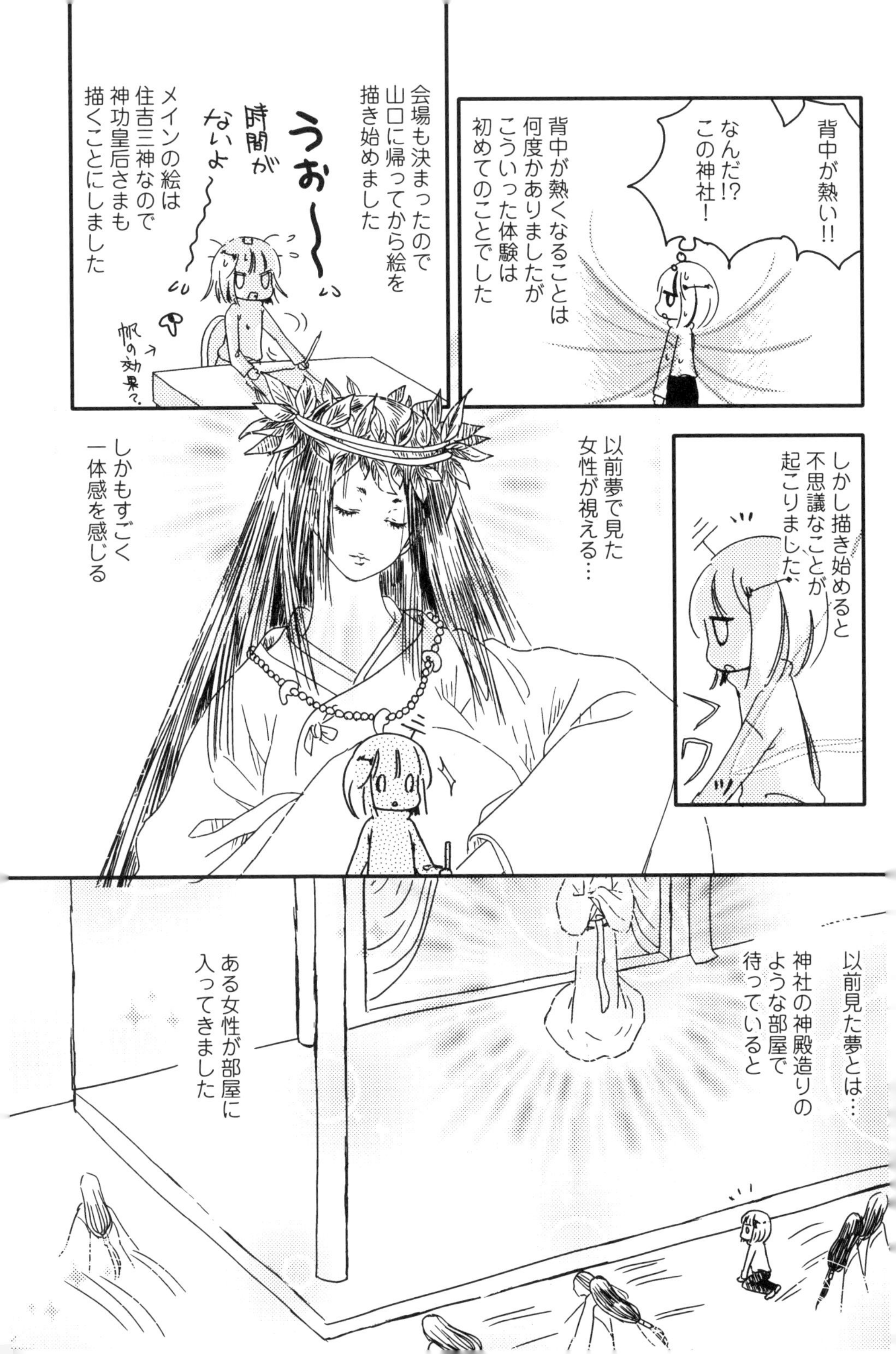
背中が熱い!!
なんだ!? この神社!
背中が熱くなることは何度かありましたがこういった体験は初めてのことでした
会場も決まったので山口に帰ってから絵を描き始めました
うぉ〜〜
時間がないよ〜〜
メインの絵は住吉三神なので神功皇后さまも描くことにしました
帆の効果で.
しかし描き始めると不思議なことが起こりました
ゾク
以前夢で見た女性が視える…
しかもすごく一体感を感じる
以前見た夢とは…
神社の神殿造りのような部屋で待っていると
ある女性が部屋に入ってきました

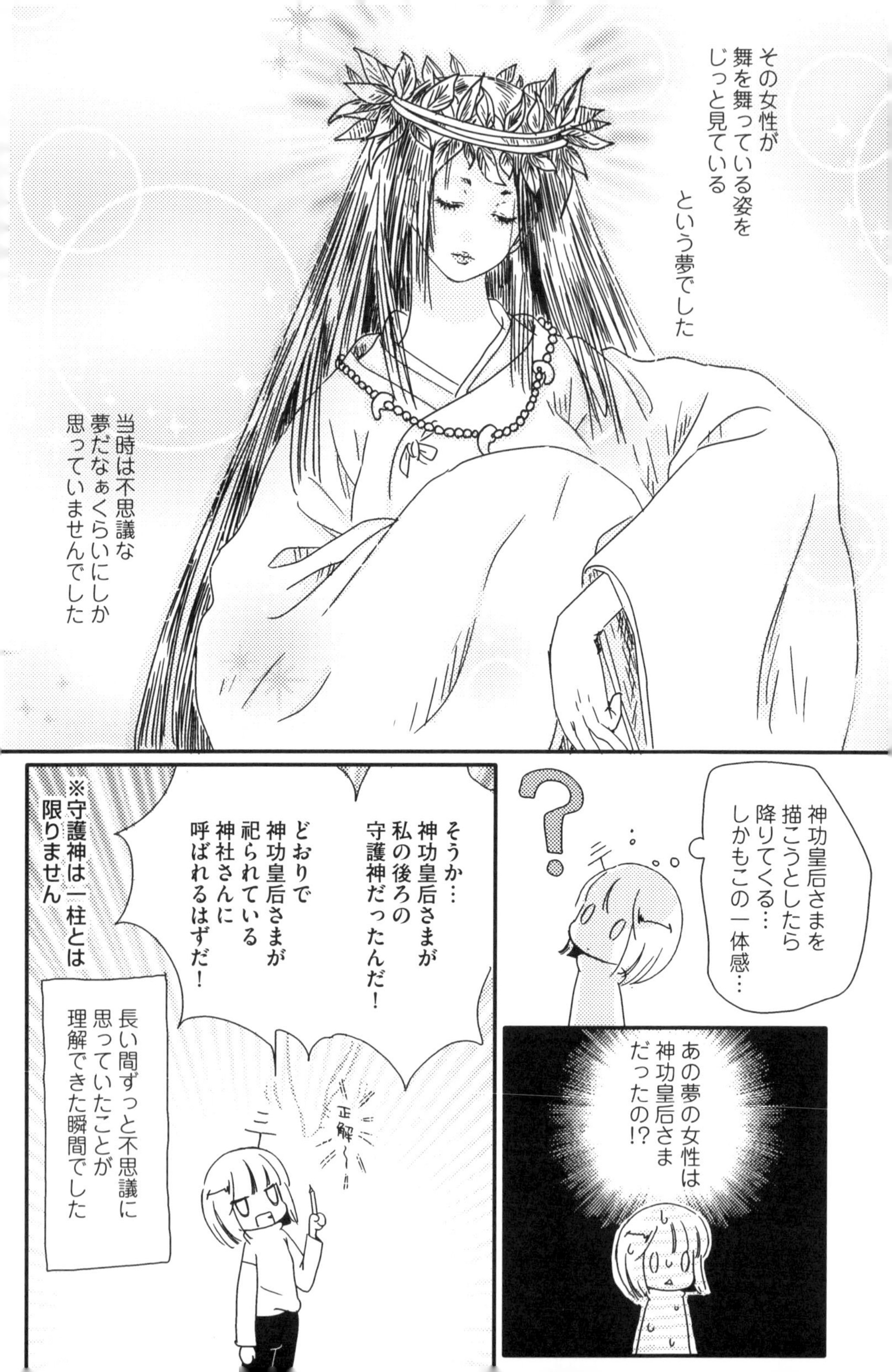
その女性が
舞を舞っている姿を
じっと見ている
という夢でした
当時は不思議な
夢だなぁくらいにしか
思っていませんでした
神功皇后さまを
描こうとしたら
降りてくる…
しかもこの一体感…
あの夢の女性は
神功皇后さま
だったの!?
そうか…
神功皇后さまが
私の後ろの
守護神だったんだ！
どおりで
神功皇后さまが
祀られている
神社さんに
呼ばれるはずだ！
※守護神は一柱とは
限りません
正解〜!!
長い間ずっと不思議に
思っていたことが
理解できた瞬間でした

あの夢は女性の肌の質感もわかるくらいリアルな夢だった
もしかしたら生きている神功皇后さまと会ったことがある前世があるのかも
また日本三代住吉である山口県下関の住吉神社さんで巫女さんをしていた前世もありました
住吉神社で巫女さんをしていた時代神事の時などに神功皇后さまを神さまとして降ろしていたことがあったようでした
あっ！
後ろの巫女さん…
仕えていた水神さまって住吉三神さまだったのか…！

そういえば下関って…!
神功皇后さまが一時的に政務をとるために豊浦宮を置いた場所だ!
夢で見た場所は下関だったんだ!
いろんなものが紐解ける中で夢の神殿の場所もわかりました
その通り
自分の力でよく気がついたね
以前お世話になってた霊能者さんから「目隠しをしている巫女さんは水の神さまに仕えていた」
ということは聞いていましたがどこの神社さんかはずっと謎のままでした
以前引っ越し先に福岡が良いって言われたのって住吉三神と神功皇后の影響が強い土地だからだ
それに神功皇后さまにご縁があるということは皇室の神さまである天照さまとご縁があるというのも納得できる
念のため不動さんにあとから確認しましたがやはり合っていました
どうりで住吉神社に何回も行ってしまうわけだ…
A氏一族の前世の時も下関の住吉神社さんとは少し関わりがあったので今まで何度か前世で同じ神社さんに関わっているようでした

私はどこかで自分のことを視るのが怖いと思っていました
私が不幸なのは
のせい
アッ
そうか！
そろそろ知らせて良い時期がきたからだ
自分で気づくことで視野が広がる
自らが気づかないと人は成長しない
なるほど…
個展を開催したらいろんな人にこう言われました
神功皇后の絵は生きているみたいですね!!
ありがとうございます
うーん降りてきたからなぁ
個展の時は着物
個展の最終日に住吉神社さんに挨拶に行きました
あんまり日が落ちてから神社さんには行きたくないけど今日しか来れないから仕方ないかな
神さま不在は承知で本殿でお礼を言いました
無事個展が終了しました
ありがとうございました
ザワ

風が吹き始め
突風に変わりました
おおっ!
ご苦労
巨大な龍神が神社の上を旋回して
しばらくして消えて行きました
昔はなんでこんな田舎に生まれたんだろうって思ってたけど…
個展のために神さまの絵を描くことで山口との縁の強さを実感した私だったのでした

ねねさんの霊視鑑定での不思議なお話

霊視鑑定始めてみました

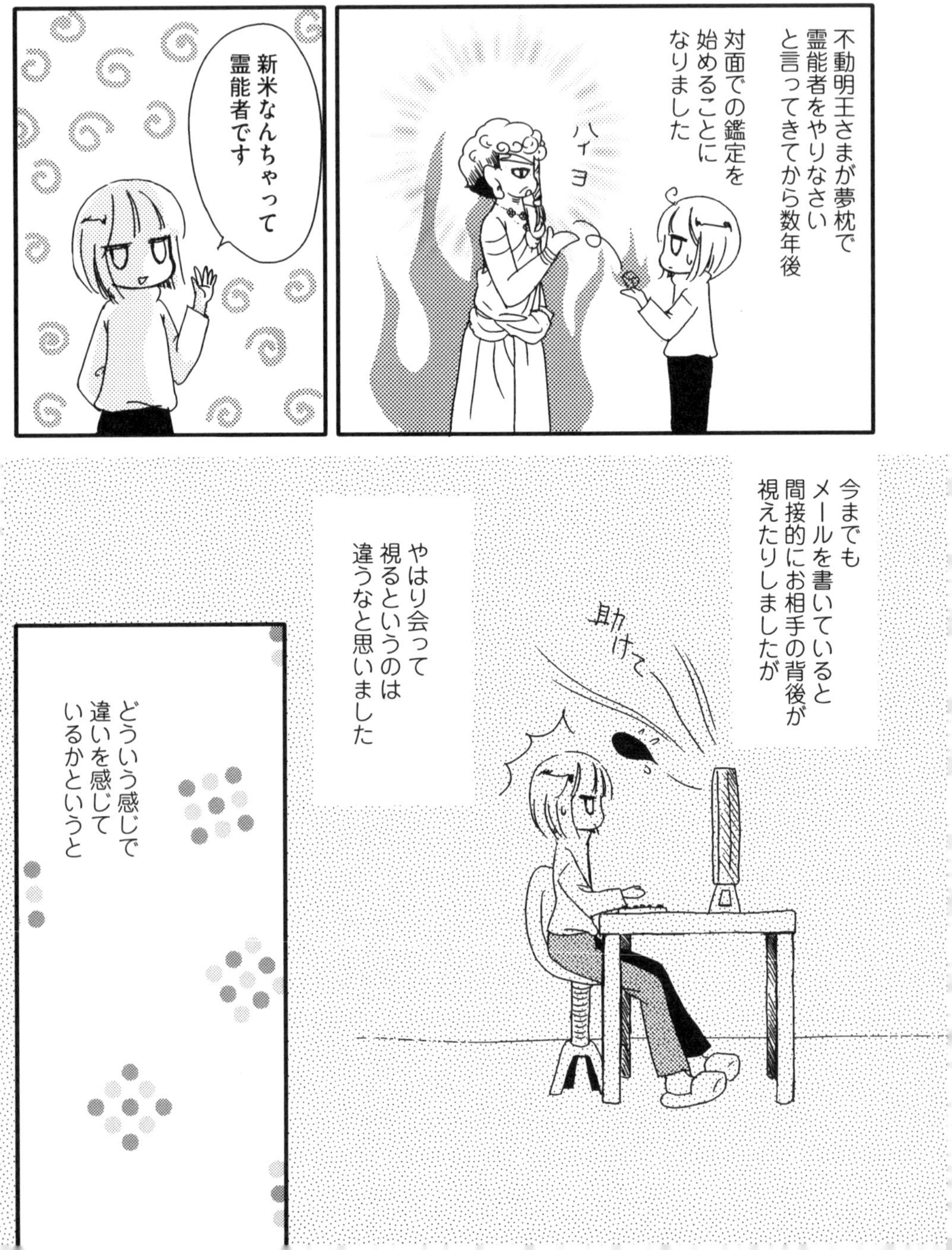
不動明王さまが夢枕で
霊能者をやりなさい
と言ってきてから数年後
対面での鑑定を
始めることに
なりました
ハイヨ
新米なんちゃって
霊能者です
今までも
メールを書いていると
間接的にお相手の背後が
視えたりしましたが
助けて
やはり会って
視るというのは
違うなと思いました
どういう感じで
違いを感じて
いるかというと

①直接後ろの守護や先祖が頼ってくる
先祖
②直接その方のカルマの前世が頼ってくる
古い霊
ドーモ～
③直接エネルギーを吸われる
吸
霊能者が身体を壊して廃業する話を時々聞くけど…
なるほどなぁ
決して楽な仕事ではない。
しかしこれはヒーリングや占いのお仕事にも同じことが言えます
鑑定を受けようと思う人は**霊的に大変な方が多い**からです

でも悪いことばかりではありません

対面鑑定を始めたとたん
前世の家族
はじめましてー
前世の同僚
どうもー
前世の部下
こんにちはー
と、いった具合に前世の知り合いが度々来るようになりました
オンライン鑑定より対面鑑定のほうが前世のご縁が強い人が多いというのは
こんな辺鄙な場所まで来るくらいご縁が強いということかな
また対面鑑定は特技を発揮できる(?)場所でもありました
それは私が「絵を描ける」ということです
画伯
何かおばあちゃんってこういう感じの方でした?
紙とペンは必須～
えーと
カキカキ
あー そうそう！似てる！
しかし時々こういうこともありました
こういう人が視えるんですが

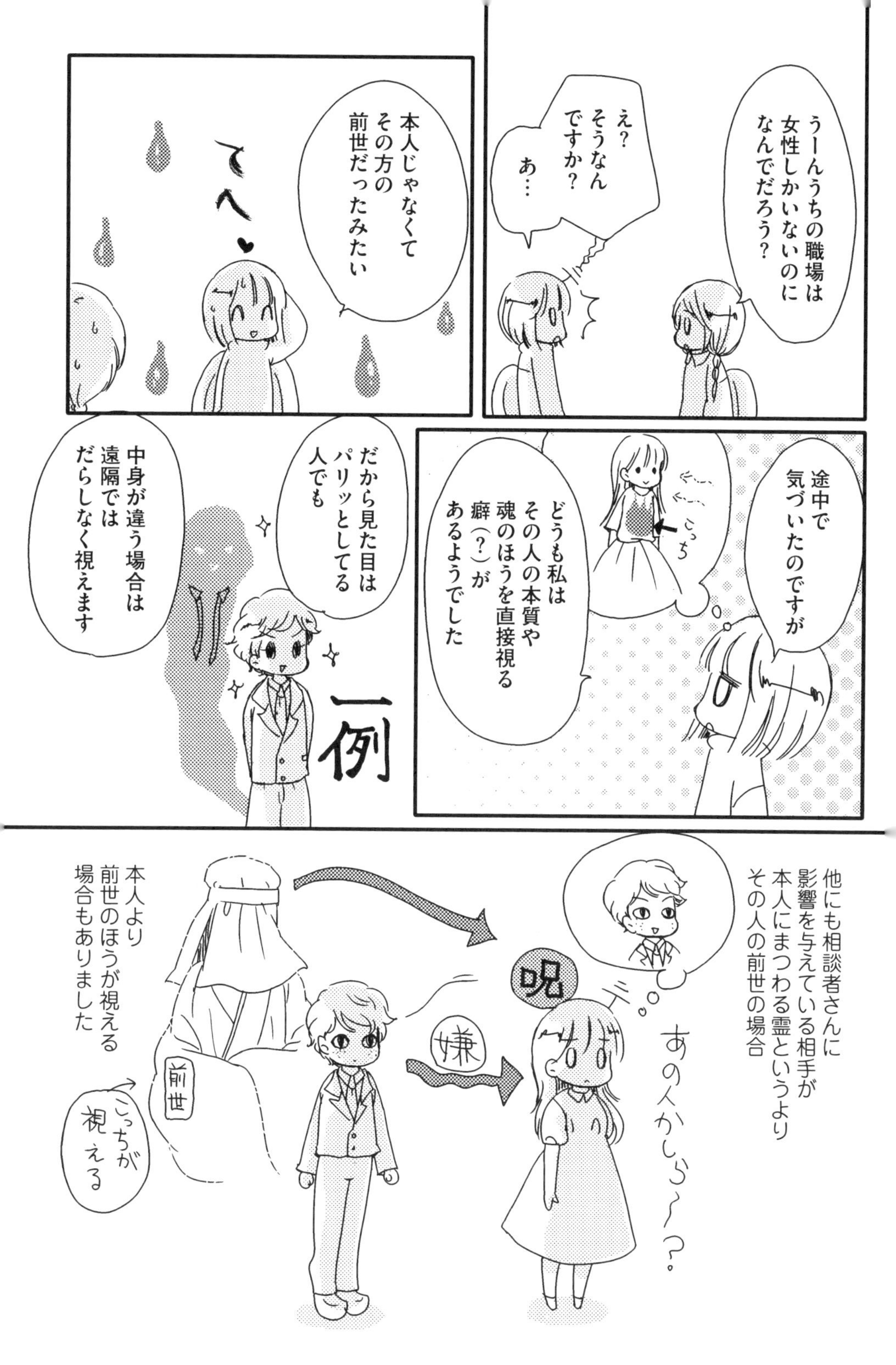
うーんうちの職場は女性しかいないのになんでだろう？
え？そうなんですか？
あ…
本人じゃなくてその方の前世だったみたい
てへ
途中で気づいたのですが
どうも私はその人の本質や魂のほうを直接視る癖(?)があるようでした
こっち
だから見た目はパリッとしてる人でも
中身が違う場合は遠隔ではだらしなく視えます
一例
他にも相談者さんに影響を与えている相手が本人にまつわる霊というよりその人の前世の場合
呪
あの人かしら〜？
嫌
本人より前世のほうが視える場合もありました
前世
こっちが視える

また人によって各々得意分野を持っていると思います
私は巫女体質なので神さまやイメージを降ろしたり
その人の後ろにいる神さまや前世や先祖などを視ることが得意だと思います
しかし前世や先祖も今まで転生がたくさんありますので
なんでもかんでも視えるわけでもなくて
基本的にそのご相談に関わる前世が出てきます
なので話していると
あカルマに関わる前世が出てきた…
火事で亡くなってるみたい？
あのー…もしかして火が怖かったりしますか？
えっ！そうです！
といった流れになることがあります

前世で身体を負傷して亡くなると魂にダメージが残り今世でも同じ部分が弱くなることがあるようです
失明している人が出てきたんですけど
えっ家族の中でなぜか私だけ眼が悪いんです
他にも私自身が克服した前世のカルマと同じようなカルマを持っているご相談者さんがやってくるようになりました
私自身の恋愛のカルマを解消したとたん
急に恋愛相談が増えました
しかし恋愛系のご相談以上に一番多いのが先祖供養に関してです
次回以降で恋愛や先祖供養のご相談についてお話ししたいと思います

因縁と運気を落とす原因

法事を手配したり お墓参りに 行くこと自体は とても素晴らしい と思います
今は行かない人も 増えているからです
でも法事に参加した時に お経を聞きながら ボーッとしていることは 先祖供養しているとは 言えません
お坊さんが お経をあげている間は 神さまや先祖がいる天界へ 繋げてくれています
法事やお坊さんのお経は 子孫の方の祈りを 届けるための サポートにしかすぎません
ご先祖さまに向けて 子孫の方が成仏を 願うことによって 故人が成仏していきます
宗派や宗教が 違っても 故人が成仏 するのは そのためです！
お経や供養の やり方が違っても
故人にどれだけ 想いを寄せているか 成仏を願っているか それらがきちんと 届いているのか
それが一番 大事なのです
また先祖供養の ご相談を受けていると 色々なトラブルを 聞きます

①親戚間の仲が悪すぎて揉めごとが多い
仏壇がある家に遠慮して行けない…
②親族に重い病気や障害を持っている人が多い
③親族で自殺や事故などでお亡くなりになっている人がいる
④仕事や結婚など人生のライフステージでなんとなくうまくいかない
これで10社目……
落選
などです
うちも昔は①②④があったなぁと思います
そういう方々の先祖を視ていると因縁があるせいで先祖が成仏できず
家系全体の運気が悪いことが多々ありました
そして圧倒的に大変だと思う家は先祖が武士だったり遡ると身分が高いということが多かったです
武士の方で戦争に行っていた場合先祖も戦争で討ち取られていますが先祖が討ち取った相手がいたり
下の身分に圧政を強いていることもありました
先祖の身分が高いほど影響を与えている人数が多く因縁も重くなっていました
主

戦争のカルマに関して視ていると男性に影響が出やすいケースが多いように思いました
なぜ？
そういった方の家を視ていたら
◎◎の首を獲るまで終われぬ！
血だらけの武将が出てきたことがありました
この人戦争している状態で時間が止まっているんだ
その時その血だらけの武将のカルマは相手の家の跡取りの男子が亡くなると
次の代また次の代へとターゲットを移動させていくのが視えました
家系図
それで代々の男性がわりと短命なのかな…
そうか…その時代の価値観のまま死んで時間が止まっているから
跡取りといえば男子という概念のまま恨みの矛先が男子に向かっているんだ
故人
父
母
妹
そういった大変なお家の方の場合先祖の供養とは別に
先祖が作った因縁のカルマを拝むことをお伝えしています
しかし神さまや先祖にすがってしまう方は拝むのが難しいこともあるのでお伝えできない場合もあります

これは私自身が先祖供養で苦労したことや
霊視鑑定で見聞きしたことから導き出した答えです
私の先祖がいた村は隠れキリシタンの村でした
私の先祖はその村の村長的な家でした
つまり私の先祖は村の村長という責任者だったことで
亡くなった方から恨みの矛先になりやすい家系でした
家系のカルマとして宗教弾圧による殺人というカルマを負っていました
それがわかった時私は長崎の教会でマリアさまに
先祖の村で亡くなった方の成仏を願いました
その時
マリアさまの青い光に導かれて成仏していくたくさんのキリシタンの方が視えました

当時は気づいていませんでしたが
長崎で家系のカルマを拝んだことになりました
また相手の宗派に合わせて拝むことでより供養が届きやすくなります
イエスさまだ～
キリシタンの方にはマリアさまやイエスさまを拝むことで供養が届きやすくなります
相手が知っているもの、信じている宗教のほうが供養のエネルギーを受け取りやすいからです
以前ご相談者さんからこんな話をお聞きしました
うちの檀家が曹洞宗なのでお釈迦さまで拝んでいたんですが…
すごい違和感を感じたんです
先祖もなぜか
え？なんでお釈迦さま？
って顔をしてるのがなぜか視えたんです

えっ
そうなん
ですか!?
それで
阿弥陀如来さまで
拝んでみたら
先祖が…
わーい
阿弥陀さまだ!
阿弥陀さまだ!
わーい
すげぇ
おもしろい…
阿弥陀さま
推しがすごい!
視えた→
とか思って
聞いていたら
三河だ
あ…そうか
Sさんのご先祖さまは
どうも元々三河から
流れてきた
S氏の家系の方の
ようですよ
あっ
そういえばっ!
武士は禅寺系の
お寺を好むって
聞いたことありますが
三河は浄土真宗が
多かったから
そのせいですかねー
だから今は曹洞宗でも
大昔のご先祖さまは
浄土真宗のほうを
好んでいたのかも?

ここまでで
いろんな先祖の
因縁をご紹介
してきました
武士の方は
仕事とはいえ
戦争で人の命を
奪うことがあります
しかしどんな理由があっても
命を奪う…ということは
視えない世界では
罪になります
人は苦しい思い
痛い思いをして
亡くなった時…
そのまま念となり
相手に飛んでいく
ことがあります
生きている間は
生き霊と呼びますが
亡くなってもなお
残っていて
それが家にずっと
憑いている…
ということもあります
守護霊は
死者からの念と現実の問題…
両方から子孫を護る必要があり
結果的に護る力が弱くなります
その人数が
多ければ多いほど
大量の念となって
家系にやってきます
私はそれを
家系のカルマと
呼んでいます
カルマ
前世
子孫
子孫
子孫
しかし前世で
関わっている場合もあり
その場合は個人の
カルマになります

例えばある戦争に関わった当主の子孫の方もいればその子孫の中には当主の前世の方もいます
子孫の方の中でも影響の強い、弱いの違いはカルマの原因に近いかどうかも関わっていると思います
子孫
カルマがうすい
子孫だけど
カルマの原因の
前世でもある
そしていろんな先祖や前世の鑑定を通して学んだことから
私の後ろの神さまが伝えてほしいということを言ってきました
それは「今世の運気は先祖や前世の行いに影響されている」ということです

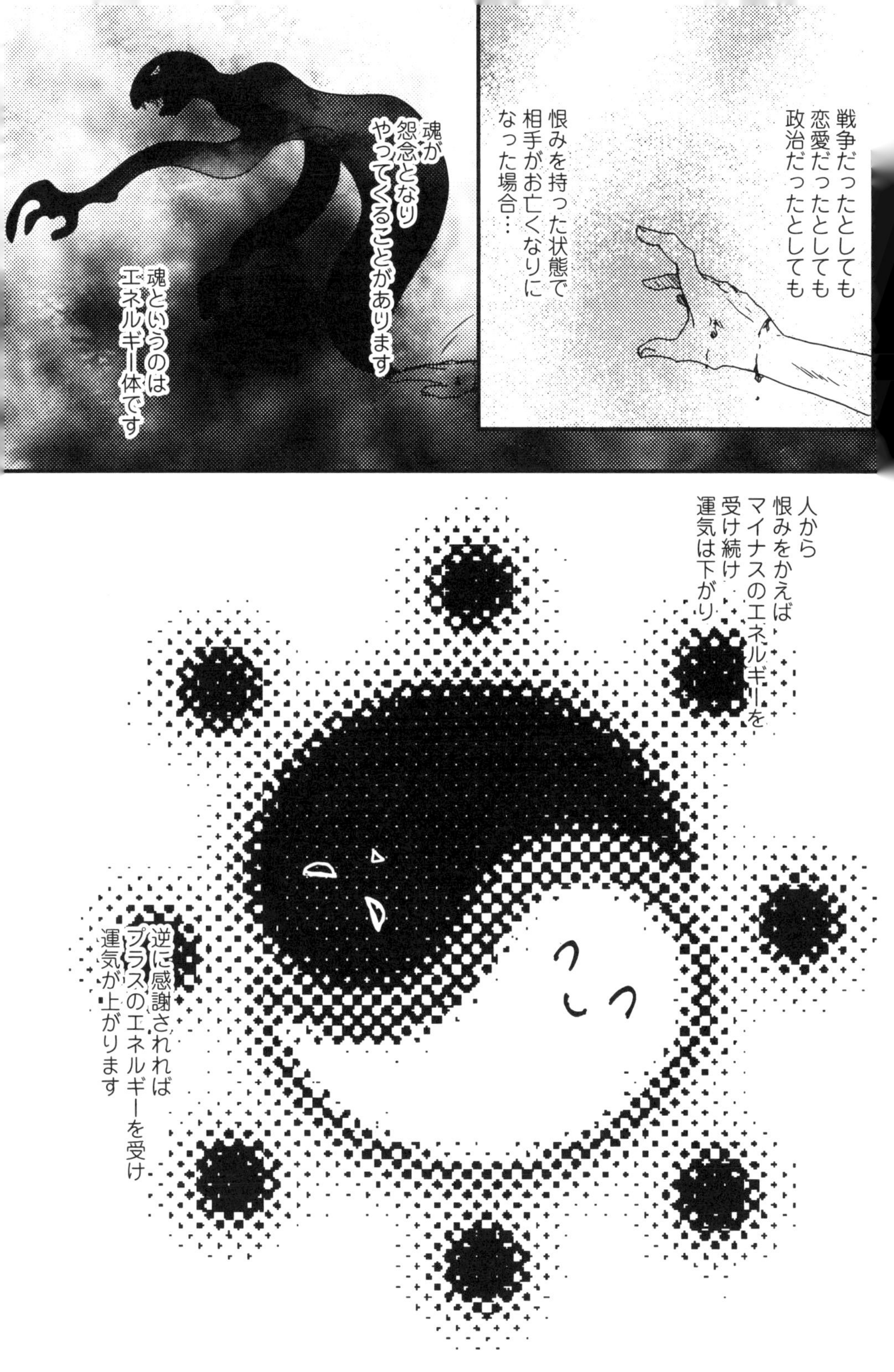
戦争だったとしても
恋愛だったとしても
政治だったとしても
恨みを持った状態で
相手がお亡くなりに
なった場合…
魂が
怨念となり
やってくることがあります
魂というのは
エネルギー体です
人から
恨みをかえば
マイナスのエネルギーを
受け続け
運気は下がり
逆に感謝されれば
プラスのエネルギーを受け
運気が上がります

人間関係のご相談も多いですがこれは現実での人間関係にも言えます
嫌なことをしてくる相手がいたとして
もしかしたら前世の自分が相手に悪いことをしている…
アイツきらい～
という可能性を考えたことはあるでしょうか？
そういった場合は相手の幸せを祈ることで好転するものもあります
ゴメンネ、今世は幸せになってね
アラ？
※もちろん全てがこのケースに当てはまる訳ではないです
健康も同じことが言えます
元気
良いものを取り入れる以上にデトックスや解毒は大事です
OUT
in
先に悪いものを出す
先祖供養や前世供養で子孫や自分へ来ている念を浄化させることは
マイナス要素を減らしプラスへと転じる
開運法の一つといえると私は思っています
それは恋愛での人間関係も同様です
次回では恋愛におけるカルマについてご紹介します！

結婚や恋愛のご相談

1章で前述したように私は過去に自分の恋愛や結婚のカルマを何度か解消する流れがありました
解消した後にどういうわけか恋愛や結婚関係のご相談が増えました
縁結びの神さま♥
鑑定で必要な経験だったこともあると思うけど因縁がなくなったことで引き寄せが働いているのかな?
初めて結婚のご報告を頂いた時は大変驚きました
なぜなら元々は先祖供養のご相談だったからです
結婚が決まりました♥
え〜〜!?!!
婚活をされていることは聞いていなかったので結婚が決まった時に初めて知りました
2回目にお会いした時によくよく聞いてみると
先祖供養している途中で知人から結婚相談所を紹介されて試しに入会してみたらそこで出会いました!
あ〜なるほどね
ピン!!

運気が上がった時点で動いたのが良かったんだなぁ
先祖
未浄化の先祖が減ることで護りが強くなり結果的に運気が上がり結婚がうまくいったということだと思います
良い引き寄せ
先祖供養しながら婚活することで視えない世界のエネルギーが動きだすのでおすすめです
実は結婚のご相談があった時は必ず先祖供養をお伝えしています
それはなぜか?
お付き合いの過程でお互いの先祖同士が話し合っているからです!
視えない世界のお見合い
うちの娘は…
※釣り書き
うちの息子は…
もしどちらかの先祖が大変な状態だった場合は相手に断られるリスクもあります
そして現実でも破談に…
先祖供養をしたから絶対結婚できるとは言いませんが
断られるリスクが減ります
そちらの先祖は大変そうなのでお断りします。
え～っ

また私のように前世で芸妓さんや花魁さんをしている方は前世が原因で
今世では恋愛や結婚で苦労している人が多いように思います
私の周りにもそれが原因で結婚したくないと言ってる人や
呪
復縁したい～!!
三角関係を拗らせておまじないや占いに依存している友人もいました
そういう方は前世のカルマを解消することで結婚に前向きになったり心の傷が癒えたりします
相談
相談
えーと…
相談
相談
1章でも描きましたが恋愛関係の因縁で不倫のカルマというものがあります
私自身が解消した後同じようなご相談者さんが来られるようになりました
ご相談の中で関東圏から何度か山口まで足を運ばれた加藤さん(仮名)という方がいらっしゃいました
加藤さんは綺麗な方で仕事も成功されている女性が憧れるような方でした
でも恋愛では迷路にはまり込んだ状態でうちに来られました

加藤さんには趣味のサークルで知り合った恋人がいましたが奥さんがいる方でした
それだけでも大変なのに
妻帯者
加藤さん以外にも若い愛人がいました
悪縁もいいところだ…
この男性が何でモテてるのか本気でわからん…
その男性は加藤さんが前世で花魁さんをしていた時のお客さんですね
男性と奥さんはすでに形だけの夫婦なんです
問題は若い愛人の方なんです
愛人はどこかで私のことを調べ上げて会社へ嫌がらせのメールをしてきたり
うわあ
男性にも詰め寄ってるそうで男性とは最後に話をしてから連絡を絶たれました
加藤さんは以前にも恋人がいましたがやはり奥さんがいる男性でした
これは…根っこの問題は前世にあるな…
加藤さんの前世の花魁さんが
形だけの結婚より愛が大事
と言っているのが聞こえました

そうか…前世の癖が出てしまってるんだ
加藤さんは前世で花魁をしていた時に
武士のお客さんが多く身分制度で結婚している人を多く見てきているようでした
それもあって結婚という制度よりも恋愛感情があるかどうかを重要視しているため
今世でも不倫へのハードルが低くなっているのがわかりました
形だけの夫婦
ツーン
その考えが今世苦しむ原因になってしまっている
でもその前に目の前の恋愛をなんとかしないと…
はっきり申し上げるとその男性は加藤さんのことを愛していません
少なくとも加藤さんと同じ比重の「好き」ではないです
そう…ですよね
本当に好きならきちんと離婚して他の愛人とも手を切って加藤さんのことを大事にしてくれます
私から見るとクズです!
それをしないで口だけの人は都合の良い嘘を言っています
祓
祓
そして今回もう一つ大事なことがありました
加藤さんの頭には男性への好意とは別に愛人への執着がありました

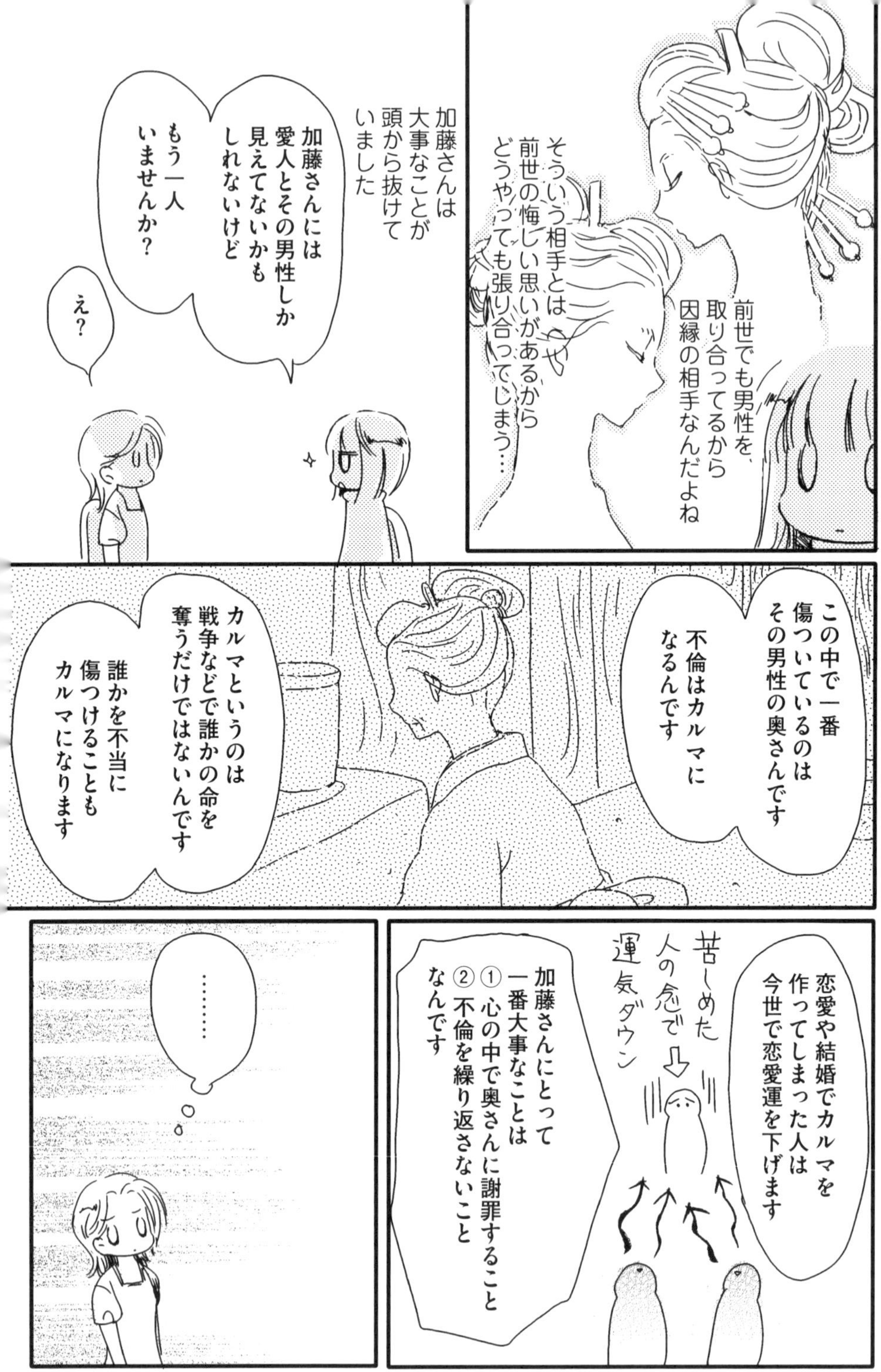
前世でも男性を、取り合ってるから因縁の相手なんだよね
そういう相手とは前世の悔しい思いがあるからどうやっても張り合ってしまう…
加藤さんは大事なことが頭から抜けていました
加藤さんには愛人とその男性しか見えてないかもしれないけど
もう一人いませんか？
え？
この中で一番傷ついているのはその男性の奥さんです
不倫はカルマになるんです
カルマというのは戦争などで誰かの命を奪うだけではないんです
誰かを不当に傷つけることもカルマになります
恋愛や結婚でカルマを作ってしまった人は今世で恋愛運を下げます
苦しめた人の念で運気ダウン
加藤さんにとって一番大事なことは
①心の中で奥さんに謝罪すること
②不倫を繰り返さないこと
なんです
………

そんな男性は愛人に熨斗《のし》をつけて渡してください
加藤さんにはもっと良いお相手がいるはずです
加藤さんだけを大事にしてくれる人を探してください
そんな鑑定を数回繰り返して
ねねさーーん
加藤さんは男性と完全に別れることができました
前の男性と別れることで違う引き寄せが出始めて
前の男はもうどうでもいいです
今気になってる人がいて!
スッキリ
良かったですね～
ご相談の内容がだんだんと変わってきました
結婚は先祖供養で進むこともありますが
先祖
前世
個人の前世で作ってしまったカルマが原因のこともあります
毎回良い恋愛ができないという人は原因が自分にあることもあります
悪縁を良縁に変えて下さいね
そういう時は自分自身に悪い癖はないか誰かを傷つけていないかなど自分の状況を振り返ってみてくださいね

また一見
悪縁に視えない方の
ご相談もありました
村田さん(仮名)の
ご相談です
若い女性
昔からの友人関係で
仲の良い男性が
いました
元々は彼のお店の
お客としてお店に
行ったのが始まり
だったんですが
お互い出会った時から
すごく懐かしい感じがして
すぐ仲良くなったんです
でもその男性には
奥さんがいて
お互い好意はあっても
ずっと友人同士でした
プラトニック
ラブ
お互い良くないとは
わかっていたんですが
どんどん好きに
なっていって
このままだとダメだって
話になって男性のほうから
線を引かれて
連絡を取るのを
やめました
その時
今回も
ダメだった
って聞こえたんです
前世の
想いだな
会わなくなって
数年経ちましたが
今でも思い出すと
苦しいんです
お話を伺っていると
お相手の前世の男性が
視えました
神父服を着ている
金髪の男性が
笑いかけていました
これは彼女の前世の
目線から見た景色だ…

同じ神学校の同級生の時に良い関係性の友人だったみたいですね
しかし男女の時にも出会っていてその時も身分か宗教上の理由で結婚に至ってないみたいです
今まで視てきた悪縁とは明らかに違うなぁ
今回は良縁なのかな?
一瞬そう思ってしまったのですが…
う～ん
お話をしていると現在の男性の状態が視えてきました
すごく自分を律している人だな…
前世で神父をやっていただけあってすごく良識のある方でした
でもキリスト教の悪い癖が出てしまっている
その男性は自分の気持ちに添って決断できていないのが裏目に出ています
昔のキリスト教離婚できませんしね
え?
自分の気持ちよりも世間体や良識を重んじるばかり周りの人を傷つけています
奥さんもたぶん彼の心の中に他の女性がいることに薄々気づいていると思いますよ

そうなんです！
以前奥さんらしき生き霊が来たことあります！
村田さんはすごく霊感のある方なのでけっこう視えたり感じる方でした
女性の嫉妬の念はヘビに視えることがある
実は後悔して生きていくのが嫌でメールで私の気持ちは伝えたんです
でもダメでした
動かない相手を動かすのは難しいことも多いですよね
正直奥さんにとっても村田さんにとっても生殺し状態です
もしかしたら奥さんにも別にソウルメイトがいるかもしれないのに良識で縛り付けてる…
そうか…
その男性は今世のテーマを自分自身で気づかなければいけないんだな…
本当はその男性は…戒律や常識に囚われず自分の気持ちに正直になって
他人ではなく自分の幸せのために生きていくというのが今世のテーマなんです
でも現時点ではそれに関しては望めない状況です
しかしそれはキリスト教の前世が強い村田さんにも言えるテーマなんです
でも相談に来られているので村田さんには私から言えることがあります

私が村田さんに言えることは
その男性を忘れる必要はありませんが
彼が変わるのを待つのではなく
自分の幸せのために一人で前を向いて歩いて行ってください
恋愛や結婚のご縁は一つではありません
村田さんが自分の幸せのために動くことで良い引き寄せが働きます
よく他人は変えられないけど自分は変えられると言いますよね？
それと同じです
一見悪縁ではないと思えたカップルでも
それぞれに課題を持って出会うこともあるんだな
うーん
しかしこれには後日談もありました
あの後出雲大社に行ったら彼への執着が嘘みたいになくなりました！
今婚活中です！
2回目の鑑定中
たった1カ月で!?
出雲の神さまが縁を切ってくれたということはやっぱり悪縁!?
出雲は縁結びだけじゃなく悪縁の場合は切ってくれることもあります
人との縁というのは恋愛だけじゃないので仕事や趣味でも良い縁があるかもしれませんね！
END

商売繁盛の神さま

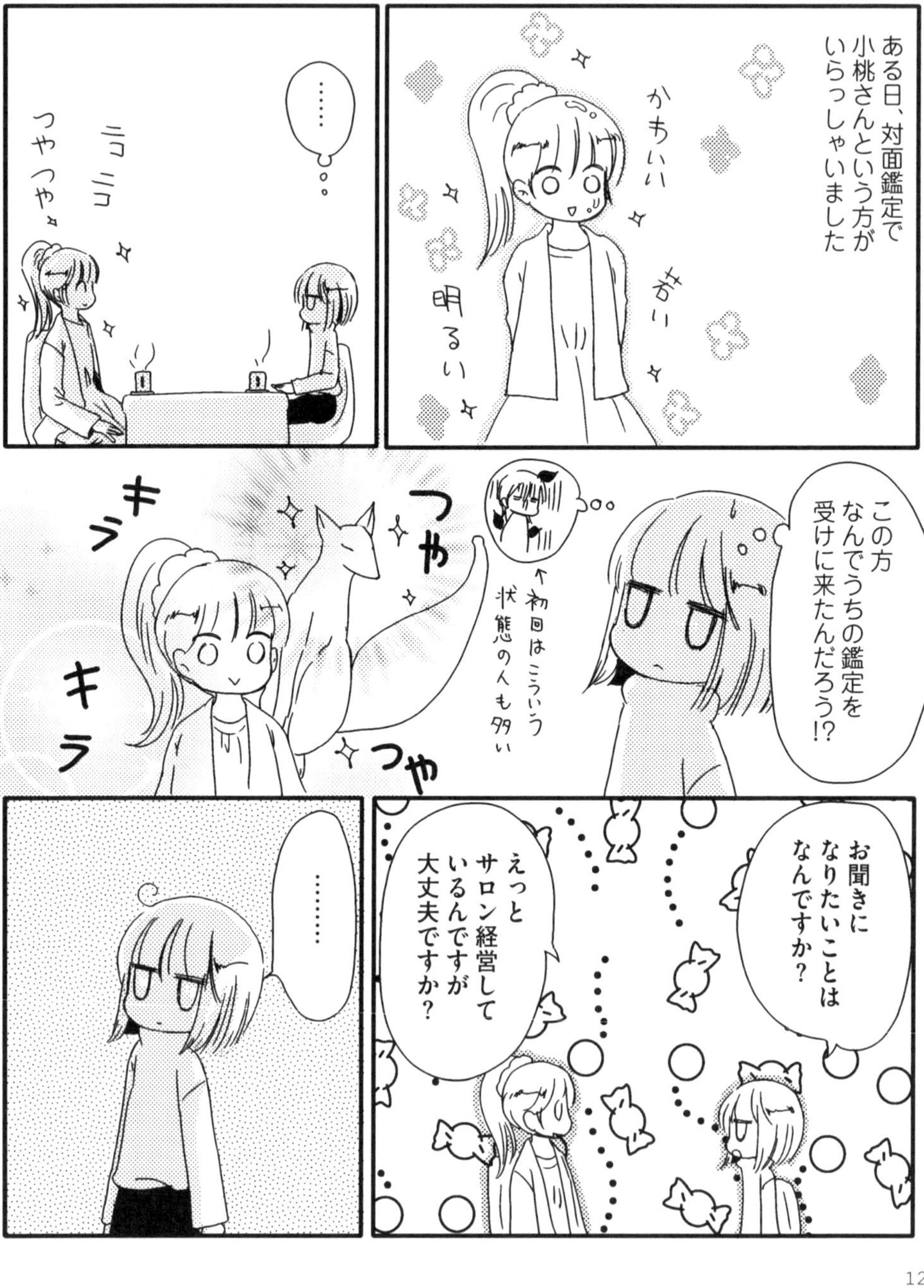
ある日、対面鑑定で小桃さんという方がいらっしゃいました
かわいい
若い
明るい
……
ニコニコ
つやつや
この方なんでうちの鑑定を受けに来たんだろう!?
↑初回はこういう状態の人も多い
つや
つや
キラ
キラ
お聞きになりたいことはなんですか？
えっとサロン経営しているんですが大丈夫ですか？
………

大丈夫ですよ
そもそも困ってないんじゃないですか？
こんなに元気なお稲荷さんがいるわけだし…
あっそうなんです一定数以上の売り上げはあるから特にあまり困ってないです
ワシ
がんばりましてん！
でしょうね～
小桃さんはオーラも霊感も強いし自分のパワーでやっていけますよー
その後は結局先祖供養の話になりました
鑑定が終わった後は先祖も整ってその後鑑定に来られることはなかったのですが…
小桃さんの紹介で来ました
コンコン
コーン
ありがとうございます！
小桃さんの紹介で来ました
コンコン
コーン
小桃さんの紹介で来ました
コンコン
コーン

小桃さんの
お稲荷さんが
キリキリ
働けぃ!
私のお稲荷さんに
ボールを投げまくって
くるっっっ!!
小桃さんの
後ろのお稲荷さんが
強すぎて
次から次へと
まわってくる
ボールぃぃ
のんびりやっていた
対面鑑定が
忙しすぎる時期が
一時期続きました
恐るべし
お稲荷さん
ネットワーク…
休みが
ほしい…
このように
お稲荷さんが
後ろにいる人は
起業や商売をすることで
うまくいくことが多いです
後ろのお稲荷さんが
強ければ強いほど
お客さんを呼んで
来てくれるからです

絵の仕事を始めてから不動さんと久々にオンラインで会った時に
うわぁ
しばらく視ないうちに後ろのお稲荷さんがでかくなってますねぇ…
と、言われました
何年か前にも弁天さまがいらっしゃる神社の帰りに会ったら
うわぁ すごい丸々太った白蛇さんをもらってますよ
ぎゅっ
スキ
女の子?!
と、言われたことがあります
こんな太った白蛇初めて視たぁ…
動物好きだけど…
私の後ろは動物園か!

お稲荷さんは別に分けたほうがいいですよ～
というわけで今まで普通の神棚に伏見系のお札を祀っていましたが
お稲荷さん単体の神棚を用意しました
お稲荷さんは商売繁盛の神さまでもあります
大事にすることでたくさん返してくださるので起業している人には心強い神さまでもあります
またお稲荷さんは人間を喜ばすのが大好きです
遊ぶ？
地元でかなり人気になっている稲荷神社さんがあるのですが
数年ぶりに行ってみたら…
……

お稲荷さんが
すごいでっかく
なってる
これは人気に
なるわけだわ…
あちち…
おーい!!
エイッ
↑お賽銭
人間がだいぶ
手の上で
踊らされてる感は
あるかも
しれないけど
地元の稲荷神社さんは
お稲荷さんパワーが
強くなりすぎて
県外からも
人をたくさん
呼んでいる
ようでした

私はいろんな霊能者さんから
招き猫体質ですね
ニャーーン
と、言われたのですがその正体は猫ではなくて稲荷でした
重……
あ～れ～
お稲荷さん以外にもえびすさまなど商売繁盛の神さまは古来より人気の神さまでした
そういった神さまが後ろにいる方は前世で信仰していたご縁があります
もし商売されてる方で好きな神さまがいらっしゃれば
大事にすることでお仕事を助けていってくれると思います!

お金はエネルギー

対面鑑定を始めて
ちょうど
1年が経った頃
お試し(?)の
ような出来事が
続きました
今まで順調に
視えていた
鑑定でしたが
何度か
視えにくい人が
やってくることが
ありました
なぜこんなに視えにくいんだろう!?
と思いつつ頑張ってチャンネルを合わせていました
そういえば僕は前世で有名な武将の軍師をやっていたと他の霊能者に言われたことがあります
それなら関わった戦争関係で呼ばれて拝んだことはありませんか?
ん?
うーん そういうことはしたことがありませんね〜
ざわっ

ええー!!
相手の前世にチャンネルを合わせた途端
大量の未浄化霊が押し寄せてきました
頭がガンガンする
やばい
その時未浄化霊の方々が関わった戦争の様子が視えてきました
ものすごい量の人間が虐殺されてる
女性も子供も…
酷い
この領主は戦争責任を取らずに領民の躰も野晒しにしたまま自分だけ逃げおおせた
儂のせいではない
フン
軍師っていうより治めてた側の前世？
この男が戦争を始めなければ…
許せない
悔しい

不憫だ…
その前世が原因で亡くなった人に手をあわせたほうがいいですよ
大量に亡くなっててとんでもないことになってますよ
霊能者の先生に言われましたがその前世はもう問題ないんで
今の俺には関係ないし
一応忠告したのですが相手にされませんでした
神さまからの話はないですか?
すみませんうまく視れないので料金は結構です
視えたもの正直に言うと怒り出す人もいるんだよね…
こりゃダメだ…
本人に伝えても理解が得られない時はお金受け取っちゃうとこの大量の未浄化霊を私がもらっちゃう
何万人単位のカルマ
亡くなった方は不憫だけど私がなんとかしても**本人の反省がないとカルマの清算にはならない**からなぁ…
私なんて反省の連続だったよ
何度清算したことか…
仕事でこれだけの厄があると仕事運に関わるだろうなぁ
清算しないと仕事運は低いままだろうね
先祖供養で基礎的な運気は上がりますが
自分の前世で作ったカルマは本人にしか清算できません
同じ先祖を持つ子孫でも運気が違うのはそのためです
SABOTEN
「歴史上の有名な人が前世です」と言われると普通は嬉しいものかもしれません
しかし大変な重いカルマを背負うことが多いため実際はそんなにいいものではありません
私の前世ヒミコって言われちゃった♥

また同じ頃
後ろの守護や
鑑定した方から
料金が安すぎると
指摘されたり
怒られるように
なりました
うう…
これは改めないと
視えにくい人が
ずっと来続けるな
うーん
困った……
もー
わかったから
またある日
鑑定した方が
かなり視える方で
ねねさんの
後ろのお稲荷さんが
かなりオーバーワークに
なってますよ！
動物虐待…!?
と、言われたのが
鑑定料金を上げる
決め手になりました
それからは
極端に視えにくい方は
来なくなりました
同じ霊能者の
不動さんに
その話をしました
その時期に来た
お客さんは
神さまが連れて
来たんですよ

ねねさんは
痛い目みないと
わからないって
神さまから
思われてますから
キリッ
グサッ
ズーン
自分が一番
そう思ってるー!!
しかし視えない世界は
料金が高い場合だけ
怒られるとばかり
思ってたけど安くても
しっかり怒られるんだなぁ
くそう
また自分が
お客さんの立場で
痛い目をみたことも
ありました
知人に
霊視&ヒーリングを
してもらうことが
ありました
よろしく
お願いします!
こちらこそ

その人の後ろに拝み屋のような男性が視えていました
たぶん後ろのこの男性が本人に視せてるんだろうな
山伏?!
背中のエネルギーが出ている場所を整えておきますね
霊視自体は間違ってるとは思わないんだけど…
しかしヒーリングのほうはイマイチわからない…
いくらですか?
お金はけっこうです
ありがとうございました♪
えっ? いいんですか?
しかし後日…
なんだかザワザワする…
すごい気持ち悪い!
何コレ?!
なぜ!?

霊視分の料金をいただいておく
以前霊視ヒーリングを受けた相手の後ろの男性が視えました
背中から掃除機でエネルギーを吸われているような体感がありました
そうか…ヒーリングじゃなくて霊視の時に吸える場所を特定されてしまったんだ
うーんん
これ以上吸われないよう連絡先など可能な限り切れるものは切りました
その後神さまが縁を切ってくださいました
無料って怖い…
この時初めて以前料金が安すぎると言われたことの本当の意味が理解できました
また私の鑑定で長時間になる方はかなりエネルギーを持って帰られるので自分自身が次の日寝込んだりします
基本でした
反省…
この世に無料のものはない…
でも人によってはエネルギーってお金以上に欲しいものかもしれないなぁ…
先祖が大変な状態の人は大体エネルギーヴァンパイアになってるし

その人が仕事で使ったエネルギー量に見合ってなければ
高すぎても安すぎてもダメなんだ
バランスが大事…
私が安すぎて怒られたのは自分が霊視で使っているエネルギー量より安く設定していたからでした
仕事量
$
そして大昔若い時に派遣をしていたことを思い出しました
東京で生活費がかかることもあって
同じような仕事内容だと時給で決めていました
時給1800円
仕事A
時給1300円
仕事B
時給1600円
仕事C
Aにしよう！
仕事を決める動機がお金なのも良くないし
悪い引き寄せ…
う〜ん
今思えばより高い時給を求めていたせいで自分に合わない職場に引き寄せられてたかも…
派遣で職場が変わるたびに同じような人間関係やブラックな場所に当たるのはそのせいだったんだ！
転職を考えている方は参考にしてみてくださいね

ヒーリングの危険性

前回ヒーリングで痛い目に遭った話を描きました
実は前回のお話だけでなくヒーリングというもので私は何度か怖い目に遭いました
ざわ
ざわ
今まで描いてきませんでしたが今回敢えてお話しすることにしました
ここまで私が語ってきたお話とは毛色の違った内容になります
霊とか神社はでてきません☆
また今回人間のエネルギーを利用している宇宙人(?)の話もします
信じてもらえるかわかりませんが
スピリチュアル好きな人はヒーリングも好きという方も多いかもしれません
まぁこういうこともあるよねって感じで読んで下さいね
ヒーリングに否定的なお話ですので好きな方が気分を害される恐れもありますが
実は**ヒーリング**が好きな方からはもれなく嫌われたいと心の底から思っている私です
なぜそうなってしまったのかを私が体験した話を交えて忌憚なくお伝えします

私は学生の時にアクセサリーを作っていたので
春休みなどで手作り系イベントへ出展することがありました
へいらっしゃい
そういう時に初めてブログを読んでくださってる方とお顔を合わせる機会がありました
なるほど…
これはまぁ…アクセサリーが欲しいと言う人が多いはずだ
先祖が大変な方が多かったので守護の力が足りず自分のエネルギーで乗り切っている人は
カルマ
先祖
護りづらい
外にエネルギーを求めてスピリチュアルに来てしまうのだとその時気づきました
大人数がいるイベントで鑑定のようなことはしませんので先祖の話をすることはありませんでした
ありがとうございました♥
それだけならよくある話でした
しかし中には妙なものを憑けている人がいました
ズ…

なんだあれ？
その人と
話をしていると
急に左肩が
痛くなりました
シュッ
その人の後ろから
節のある昆虫のような
手が伸びてきて
何かが私の肩を
噛みました
ズキッ
いでー!!
ナニコレ!?
えー!?
痛い！
痛い!!
その昆虫のような手や口が
私からエネルギーを
吸っているのが
わかりました
え？
何あれ？
ありがとうございました
先祖!?
いや
そんなわけない…
明らかに
人の霊ではなかった
その時は
意味不明すぎて
よくわかりません
でした

しかしその後も
イベントや個展で
ブログや本の
読者さんと会うと
同じようなものが
憑いている人が
やってきました
またいるよい
かんべんして
それがイベントで唯一
憂鬱な出来事でしたが
次第に気づきました
その人たちに
共通しているものが
「同じ系統のヒーリング伝授」を
受けている…ということに
ヒーリング伝授とは
ざっくり言うと
遠隔や直接的に
相手から「伝授」
というものを
してもらうと
どういうわけか
「自身も他の人に
ヒーリングや伝授が
できるようになる」
というものです
私は10年前くらいに
この世界を知った時
前世でご縁のある
ヒーラーさんから
唯一伝授してもらったヒーリング
マリア様のヒーリングを
伝授してもらったことが
あります
その時の感想は
細いエネルギー
遠隔
？？？
でした

マリアさまのエネルギーってこんな微弱なもの？
相手よりお前のほうがパワーが強いからエネルギーが来てもわからないだろう
それに前世で聖職者として修行したお前は聖マリアの縁がすでにあるので伝授を受ける必要がない
そりゃそうか守護神としてもう後ろにいるわけだし…
伝授って元々仏教用語だしね
そのヒーラーさんには幸い前述のようなものは憑いていませんでした
同時期に地元でご縁があった霊能者さんからも止められたことがあります
あなたの守護が伝授を受けるのを止めたがってる
ヒーリングは直接その人の魂にメスを入れる行為だからとても危険なんだよ
医師は何年も体のことを勉強して国家資格を持っているけど巷に溢れているヒーラーはそうじゃないから
私の友人にも何人かいるけど施術しているのを視ていたら場のエネルギーがぐちゃぐちゃになってたことが何度もあるよ
視えてないからすごい状態になってることに気付かないのねぃ

とりあえず私には必要がなさそうだしもう手を出さなきゃいいか
うむ
そんな風に思っていたのですが…
イベントで虫に憑かれている人が来てエネルギーを吸っていくたびに
自分がヒーリングを受けないようにしても意味ないじゃん!!
とうんざりします
いろんなヒーリングがあるようですし全員が同じ状態ではありませんでした
何年もかけて真面目に勉強している人も知っているので全部ダメではないと思ってるのですがあまりに度々遭遇するので
いっそヒーリングやってる全員から嫌われたい
そんな風に思ってブログで記事にしたことがあったのですが
来ないでくれ〜
うぬ
う〜
ねねさんのファンです!
あ、ありがとうございます
あまり効果はありませんでした
コラァ
くるな〜
3人目に虫を憑けた人を視た時に
あれ?
一つ疑問が湧きました

虫っぽい足って思ってたけど
足の感じからして蜂か蟻かな?
イベントが終わった次の日
疲れた…
虫キライ…
そんなことを考えながらうたた寝したせいか
カチッ
チャンネルが合ってとうとう視てしまいました
あれ?
ここは地球じゃない?
外の風景が明らかに地球じゃないどこかの景色でした
カーテンの向こうに誰かいる…?

顔ははっきり視えないけど綺麗な女性がいる？
えっ
でも触覚がある！
そう思った時に寒気がして頭の中で声がしました
ザワッ
ブログに書くな
その瞬間目が覚めました
半覚醒状態で視たのではっきり覚えていられました
あれは女王蟻だな
いわゆる昆虫型の宇宙人みたいなのがいるのかな？
マンガみたい…
よいしょ
なぜか直感的にそう思いました

その映像を視てから今までの疑問がまるっと判明しました
爪3つというのはちょっと違うけど なるほど蟻の足か…
伝授を受けた人の後ろに視えていたのは働き蟻でした
伝授を受けてエネルギーを吸っていく人には行動に共通性がありました
イベント会場内や個展会場内をウロウロしては
例 大阪のイベント
私
しばらくしてまた戻ってきて話しながら吸っていくというものです
多い人だと2~3時間会場内に留まり少し話してまたいなくなるということを何回も繰り返します
少しエネルギーを吸ってすぐいなくなるということを繰り返されて
買うわけでもないのに…
あの男の人なんか気持ち悪くない？何回来るの？
※一緒に吸われている友人→
ごめん…
なんだろうね？
一緒にイベントの売り子を手伝ってくれた一般の友人に迷惑をかけたこともあります
あれって落ちている砂糖を探してウロウロしている蟻に行動が似ているなぁ
蟻ってエサがあるって知ると毎日来るもんね
蟻をつけた人を通してチャンネルが合ってしまったせいで
エネルギー
異次元へ
もっと後ろに隠れている女王蟻を半覚醒状態で視てしまったようでした

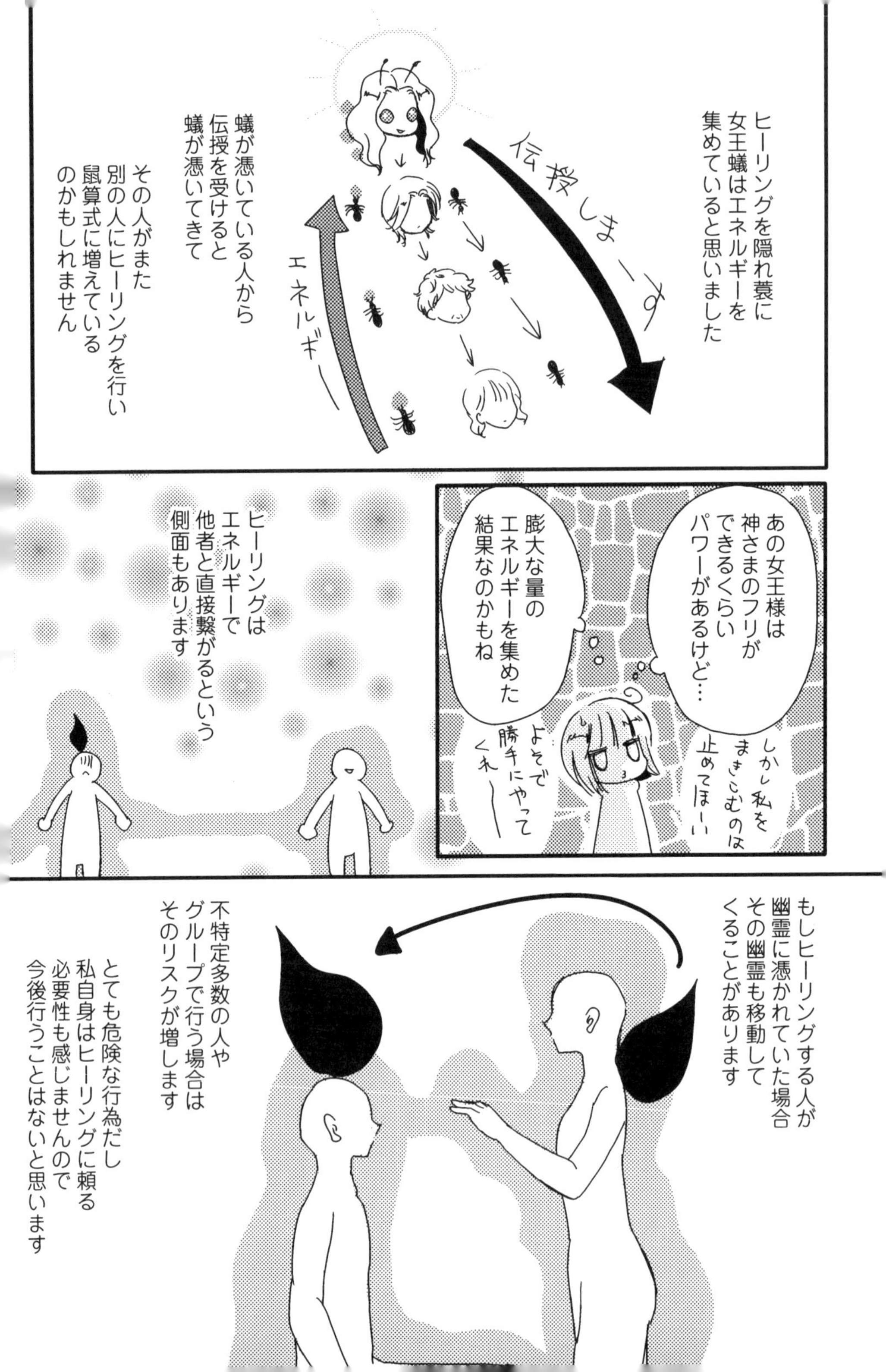
ヒーリングを隠れ蓑に
女王蟻はエネルギーを
集めていると思いました
伝授しまーす
エネルギー
蟻が憑いている人から
伝授を受けると
蟻が憑いてきて
その人がまた
別の人にヒーリングを行い
鼠算式に増えている
のかもしれません
あの女王様は
神さまのフリが
できるくらい
パワーがあるけど…
膨大な量の
エネルギーを集めた
結果なのかもね
しかし私を
まきこむのは
止めてほしい
よそで
勝手にやって
くれー
ヒーリングは
エネルギーで
他者と直接繋がるという
側面もあります
もしヒーリングする人が
幽霊に憑かれていた場合
その幽霊も移動して
くることがあります
不特定多数の人や
グループで行う場合は
そのリスクが増します
とても危険な行為だし
私自身はヒーリングに頼る
必要性も感じませんので
今後行うことはないと思います

あなたは宇宙人を信じますか？
私はいるだろうなぁと思ってる人間ですが積極的に会いたいとは思いません
女王蟻は宇宙的な存在ですが他にも似たようなことがありました
一時期宇宙系のことを描いている人と繋がっていたことがありました
しかしその人と会ったりブログを読んでいる時にも奇妙な体験をしました
プレアデス〜
黒いアメーバのような宇宙人を見たという内容の記事を読んだその晩…
ほほう
夜
ん〜〜？？
苦しくて目が覚めた
寝ているとアメーバのようなものがへばりついて体が金縛りのような状態になったことがありました
くっそー
何だこれ!!
モガモガ
離れろ!!
バ
氣を投げるとどこかに逃げていきました
読んだブログから伝って来た!?
何だったんだ

他にも同時期
家族に擬態した
宇宙人が
宇宙船の中で
汚い水晶
人間としては微妙に型崩れしている
汚い水晶を手に握らせて
何かをさせようと
してくる…
というような夢を見て
この宇宙系が好きな
ブロガーさんに
憑いているものだな
やばい〜
…と、思いさすがに
読むのをやめました
視えない存在は
電波と相性が良いです
ネット上からでも
いろんなエネルギーが
出ているので
読む記事は気をつけないと
いけません
今でもUFO特番は
見ますし
別に宇宙人ものは
嫌いじゃないです
エンタメとして
見てますが
でもスピリチュアルの人が
語っている宇宙人には
時々危険なものが潜んでいると
今までの経験から感じています
どうも宇宙の存在には
ネガティブなものもいれば
神さまのような
高いエネルギーの
存在もいるようです
地場の強い神社で
宇宙的な存在の神さまを
何度か視たことがあります
必要以上に恐れず
おかしいと思ったら
近づかない
それが自身を
護ることに
なると思います

Nene's Spiritual Life

エピローグ

ここまで読んでくださってありがとうございました
実は最後まで描き切ってから気づいたのですが猫谷さんと出会う少し前に鳥取にある白兎神社さんへ行きました
今回本のテーマが縁結びということで本文で白兎神を描いたり他の霊能者に視えると言われていましたが
仕方ない猫とくっつけるか
ありがとうございます!!
実際に白兎神さまから目に見えるご利益をいただいていたのかもしれません
あと執筆中なぜか嫌いなニンジンを毎日食べてた
さて本文にも描きましたが私のパートナーの猫谷さんには霊感があります
ある時何か視えたようで面白いことを言ってきました
ねねさんって霊能者というより医者や薬剤師って感じだよね
この人にはこれがいいこの人にはこうだよってちゃんと合った処方（鑑定）を出してるよね
USA
ほほう。。
その後後ろの守護にも
お前は「魂の医療者」だ
と、言われました
確かに前世をお伝えしてカルマが清算されると魂が癒されます
ずっと霊能者という肩書きに違和感があったけど
私としては霊能者よりもしっくりくるなあ
言いえて妙だけど…

今回の話で以前目隠しをしていた巫女さんが
実は住吉系の巫女さんだったとわかりました
その話を漫画に描きながら猫谷さんに話しましたら…
私の守護に水神系の巫女さんがいるんだけど
以前お世話になってた霊能者さんに
先祖が成仏するまでは視えすぎると幽霊を拾いやすくなるから
その巫女さんは目隠ししてるんだよね
って言われたんだー
でも先祖が整ったら目隠しを取っちゃったの
………
ペンと紙ちょうだい

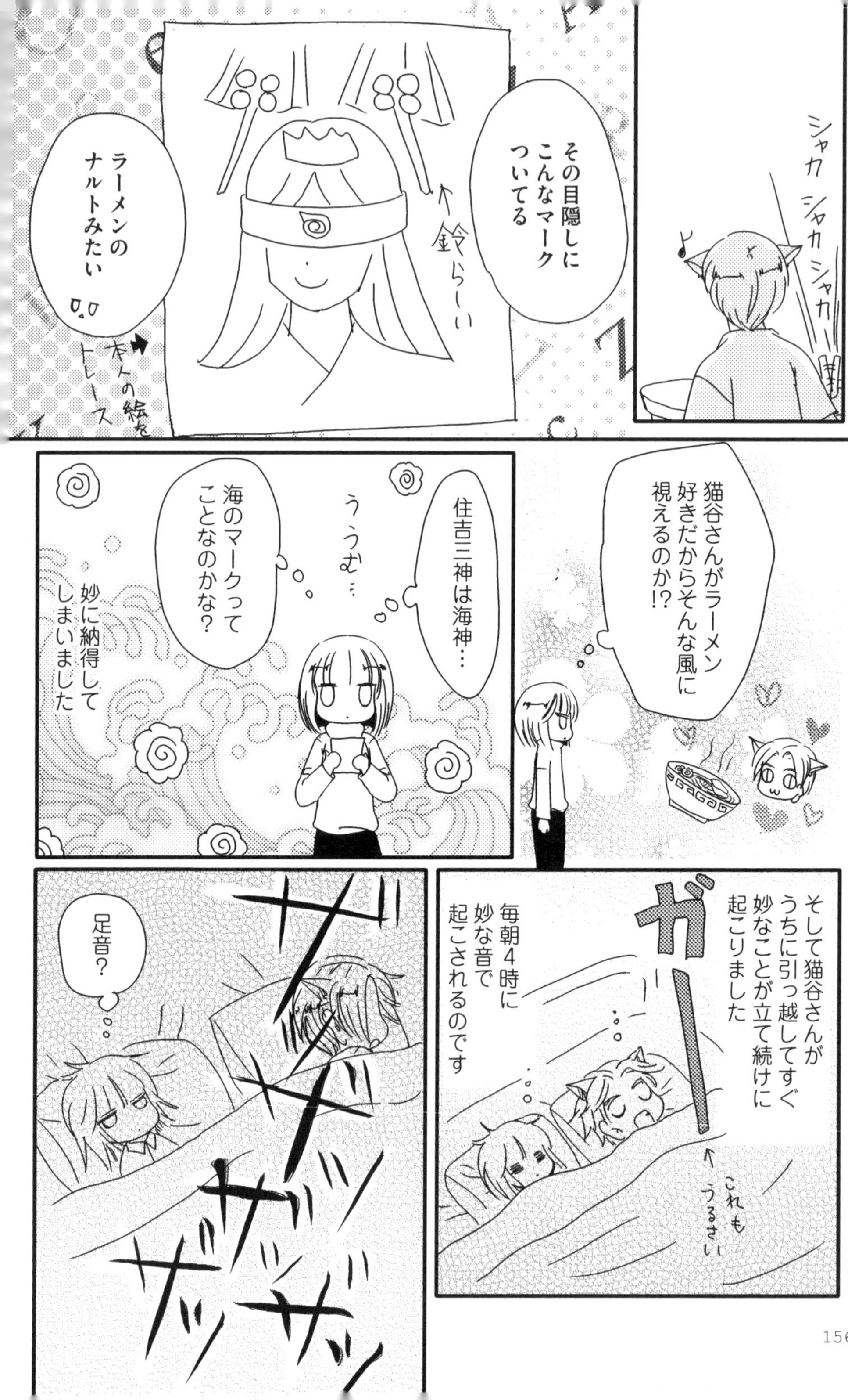
シャカ シャカ シャカ
その目隠しにこんなマークついてる
↑鈴らしい
ラーメンのナルトみたい
本人の絵をトレース
猫谷さんがラーメン好きだからそんな風に視えるのか!?
住吉三神は海神…
うぅむ…
海のマークってことなのかな?
妙に納得してしまいました
そして猫谷さんがうちに引っ越してすぐ妙なことが立て続けに起こりました
毎朝4時に妙な音で起こされるのです
ガー
↑これもうるさい
足音?
ザッ ザッ ザッ ザッ

ん？
お坊さんのような集団が砂利を踏んで歩いていくのが脳裏に視えました
起きてすぐ窓の外を見ましたが誰もいませんでした
あれ？・・。
次の日は巫女鈴の音
また次の日はお香の匂いで目が覚めました
階段のあたりが一番匂いが強いね～！
朝の4時…
ウロ
ウロ
巫女鈴とお香については猫谷さんも気がつきました
前世の武将が眠っているお墓から色々来ているのはわかるんだけど…
なんなんだろうね
歓迎されてるみたいだし悪いものじゃないからいいか
多分・・・
さて今回縁結びがメインの本ではありますがいつものように先祖供養についても描かせていただきました
この本の執筆中当然鑑定の仕事も間に挟んで描いていました

鑑定している時に
原因の根っこは同じである
それがマイナスかプラスのエネルギーかという違いだ
ハッ
守護にそう言われてその時ハッとしました
今までの経験を私は完全に区別していたと感じました
先祖からくる因縁
今生きている人からの念
戦争で亡くなった人の無念
政治で敗れた人の怨念
恋愛で作った悪縁
それらを別個のものとして認識していたのですが
根っこの所では同じだということを守護は言いたかったのでした
実際はもっとシンプルで相手の怒りや無念を理解し寄り添うことで
相手が成仏するかどうかが開運の鍵でした
相手が既に亡くなっていようと生きていようと
そのマイナスのエネルギーは存在し続けます

それらを
自分には関係なしと
見なかったことにしても
存在はし続けますし
マイナスのエネルギーに
引っ張られることで
運気はずっと
下がったままになります
逆に私の祖父は
前世や今世で
周囲を助けて
徳を積んだ人でした
上の方で光っています
今でも親戚が
亡くなった祖父から
受けた恩を返そうと
よくしてくださいます
そういった
先祖が多い家は
運気が高いです
相手から
感謝されることで
プラスのエネルギーを
受け取り
運気が上がっていきます
※子孫が先祖の徳を
食い潰して運気が
下がることもあります
真の開運は
神社に行って良い
エネルギーを
もらうことでもなく
開運グッズを買ったり
ヒーリングや風水や占いなどに
頼ることでもないと
思います
外から何かを
得るよりも
自分の内側から
変わることで
上がっていけるものでは
ないでしょうか

ねねさんのスピ生活《せいかつ》

縁結《えんむす》び編《へん》

コミックエッセイの森

2024年9月30日　初版第1刷発行

[著　者]　水鳥《みずどり》ねね

[発行人]　永田和泉
[発行所]　株式会社イースト・プレス
〒101-0051
東京都千代田区神田神保町2-4-7
久月神田ビル
TEL03-5213-4700
FAX03-5213-4701
https://www.eastpress.co.jp
[印刷所]　中央精版印刷株式会社
[装　幀]　坂根　舞（井上則人デザイン事務所）
ISBN 978-4-7816-2384-9　C0095

本作品の情報は、2024年7月までのものです。情報が変更している場合がございますのでご了承ください。